오늘도
이혼주례를
했습니다

오늘도 이혼주례를 했습니다

초판1쇄 2024년 7월 15일 **초판2쇄** 2024년 8월 5일 **지은이** 정현숙 **펴낸이** 한효정 **편집교정** 김정민 **기획** 박화목 **디자인** purple **일러스트** Freepik **마케팅** 안수경 **펴낸곳** 도서출판 푸른향기 **출판등록** 2004년 9월 16일 제 320-2004-54호 **주소** 서울 영등포구 선유로 43가길 24 104-1002 (07210) **이메일** prunbook@naver.com **전화번호** 02-2671-5663 **팩스** 02-2671-5662
홈페이지 prunbook.com | facebook.com/prunbook | instagram.com/prunbook

ISBN 978-89-6782-218-7 03190

*책값은 뒤표지에 있습니다.

이 도서의 국립중앙도서관 출판예정도서목록(CIP)은 서지정보유통지원시스템 홈페이지(http://seoji.nl.go.kr)와 국가자료공동목록시스템(http://www.nl.go.kr/kolisnet)에서 이용하실 수 있습니다.

오늘도 이혼주례를 했습니다

가정법원
부장판사의
이혼법정 이야기

정현숙 지음

푸른향기
Prunbook Publishing Co.

프 롤 로 그

결혼주례 대신 이혼주례를 하는 직업

제 이혼의 첫 경험은 2011년 3월로 거슬러 올라갑니다.

판사 생활 7년차에 처음으로 이혼주례(가정법원 판사들 사이에서 협의이혼기일에 이혼의사 확인을 하는 과정을 '이혼주례한다'고 말하기도 합니다)를 하게 되었습니다.

빽빽한 빛의 고장, 밀양에서.

결혼식은 수도 없이 가보았지만 이혼식은 처음이라, 더더군다나 이혼주례라니….

이혼의사확인기일의 절차를 숙지하고 머릿속에서 시뮬레이션을 돌리면서 혼자 오만가지 상념에 사로잡혔습니다. '나를 끝으로 부부들은 이제 그 관계에 종지부를 찍는구나'란 생각에 가슴 한켠이

묵직했습니다.

어떤 표정을 지어야 하지?

장소가 장소인 만큼 근엄한 표정을 지어야겠지?

그런데 이혼한다고 꼭 그렇게 근엄하게만 있어야 하는 걸까?

깨어진 관계로 상처받고 힘들었을 이들에게 무미건조한 표정과 더 무미건조한 목소리로 "이혼하기로 합의한 것이 맞습니까?" "양 당사자 사이에 이혼하기로 의사가 합치되었음을 확인합니다"만 읊다가 보내는 것 외에 할 수 있는 다른 것은 없는 걸까?

그런데 막상 협의이혼실에 들어간 첫날, 그 수많은 고민과 상념이 무색하게도, 무미건조한 표정과 형식적인 어투로, 해야 할 말만 하고는 후다닥 이혼주례를 마쳤습니다. 안 그런 척했지만, 솔직히 너무나 떨리고 긴장된 나머지 시나리오 외에 다른 액션을 한다는 것이 불가능했습니다.

정신없이 이혼주례를 마치고 사무실에 올라와 거대한 파도처럼 밀려오는 허무함에 오랜 시간 넋을 놓고 의자에 앉아있었습니다.

결혼식을 할 때는 그렇게 오랜 기간 준비하면서 많은 계획을 세우고 그 하루를 세상에서 제일 아름답고 행복한 모습으로 보이기 위해 최선의 노력을 다하는데, 이혼식은 그 시간을 비웃기라도 하듯 허무하리만치 속전속결이었습니다.

이혼주례를 진행하면서 속으로 '에게, 이게 뭐야. 진짜 이렇게 끝나는 거라고?'를 되뇌었습니다. 결혼식 당일 수많은 이들의 축복 속에서 찬란하게 빛났을 그들은 판사의 "이혼하기로 합의하였음을 확인합니다"란 그 한마디를 끝으로 싸늘한 눈빛조차 교환하지 않은 채 각자 필요한 서류를 챙겨 들고 생기 없는 얼굴로 돌아갔습니다.

첫 이혼의 충격에서 벗어나 슬슬 정신이 차려질 즈음부터 협의이혼실에 온 부부들에게 형식적인 주례 외에 이런저런 말들을 나누어 보기도 하고, 심지어 젊은 부부들을 설득하여 협의이혼신청을 취하시키고 돌려보내기도 해보았습니다. 인생 선배랍시고 어쭙잖은 충고 몇 마디와 함께요.

지금으로서는 상상도 못 할 일이지만, 그때는 혈기왕성한 30대 중후반의 젊은 판사였고, 시골법원이라 사건이 그리 많지 않았기 때문에 가능한 일이었습니다. 돌려보냈던 그 젊은 부부가 지금도 잘살고 있는지 모르겠네요.

밀양을 떠난 뒤 이혼사건과 이별하여 잊고 지내다가, 2017년 부산가정법원 가사전문법관으로 선정되어 다시 이혼하게 되었습니다. 긴긴 시간 매일매일 이혼하면서 아내로서, 엄마로서, 여자로서, 판사로서 많이 힘들었고 아팠으며 분노했습니다. 그러면서 많이 자랐습니다.

이 책은 저의 힘들었던 시간, 아팠던 시간, 분노했던 시간들을 자양분으로 태어났으며, 저와 함께 쑥쑥 자라났습니다.

저의 부족한 이 책이 '이혼으로 입장'을 할까 말까 고민하는 이들에게, '이혼 행진' 중인 이들에게, 이혼 이후 '홀로서기'를 하고 있는 이들에게 조금이라도 위로가 되고 도움이 되었으면 좋겠습니다.

그리고 부끄럽지만, 이혼주례자인 저의 이야기들을 4장에서 적어보았습니다. '이혼전문판사의 가정사는 뭐가 달라도 다르겠지'라고 예상하셨다면, 당연히 틀리셨습니다. '거 뭐, 이혼전문가도 별거 없네' 싶으실 거예요.

인생이란 그런 게 아닐까요.

뭔가 특별할 것 같은 사람도, 시간도, 사건도 전 우주적인 관점(너무 거시적인가요? 그러면 '전 지구적' 정도로 축소해보겠습니다)에서 보면 그렇게 특별할 것도, 자랑할 것도 없는 뭐 그런, 그저 함께 살아가는 삶. 그러니 너무 애쓰지도 말고 너무 비장해지지도 말며 그저 내 곁에 있는 누군가에게 조금만 더 다정해지는 삶. 그런 삶이면 충분하지 않을까요.

끝으로 제 글이 어엿한 한 권의 책이 되어 이 세상에서 빛을 볼 수 있도록 해주신 도서출판 푸른향기 한효정 대표님께 진심으로 감사

드립니다.

그리고 이 책의 소재로 여러 번 등장하며 책의 내용을 풍성하게 만들어 준 남편에게 심심한 감사의 말을 전하고, 엄마의 영혼을 강철과 같이 단련시켜주려고 날마다 선의의 경쟁을 펼치며 고군분투하고 있는 세 아들 '영광 주안 영원'에게 깊은 사랑의 마음을 보냅니다.

2024년 봄

이혼주례자 정현숙

Contents

2장 이혼주례

3장 홀로서기

4장 이혼주례자 이야기

※ 이 책에 등장하는 모든 이름은 가명이며 직업과 가족관계 등도 변경된 것임을 밝혀둡니다.

1장

이혼으로 입장

흔한 이혼소장의 레퍼토리

2017년 가사소년전문법관으로 선정되어 가정법원에서 일하기 시작하면서 민·형사사건을 처리할 때와는 다른 묘한 긴장감을 느꼈습니다. 남들에게 절대 숨기고 싶었을 그들 부부의 속내를 낱낱이 살펴보아야 한다는 부담감, 그리하여 부부만이 아는 그 은밀하고도 내밀한 문제를 종국적으로 매듭지어주어야 한다는 무거운 긴장감이 그 이유였을 테지요.

그런데 사건을 하나둘 처리해가다 보니 많은 사건에서 빠지지 않고 나오는 문구가 있음을 알게 되었습니다.

'결혼하기 전부터 폭언, 폭행의 문제가 있었지만 결혼 준비한다고 부담감이 커서 그렇겠지, 결혼하면 달라지겠지 생각하고 결혼을 추진하게 되었습니다.'

'신혼 초부터 여자(남자) 문제가 있었지만, 아이가 태어나면 달라지겠지 생각하고 자녀를 출산하게 되었습니다.'

이들 부부는 결혼하고 또는 아이를 출산하고 나서 그들의 기대처럼 행복한 결혼생활을 하게 되었을까요? 모두가 예상하시는 대로 그렇지 않습니다. 거의 대부분의 이혼소장에서 '결혼한 이후'에, '자녀를 낳고 난 이후'에 오히려 폭언, 폭행의 빈도와 강도는 더욱 심해졌고, 불륜관계는 계속적으로 이어졌다고 나옵니다.

단순하게 생각해보면 누구나 정답을 알 수 있는 사실을, 왜 많은 젊은이가 '결혼하면 또는 아기를 낳으면 달라질 거야'라는 일어날 가능성 제로(0)에 가까운 생각을 하며 성급하게 다음 단계로 넘어가는 것일까요?

인생에서 제일 설레고 행복해야 할 때인 결혼 준비 기간에 불행의 씨앗을 눈으로 목격했고, 주위의 모든 시샘과 부러움을 한 몸에 받으며 알콩달콩 깨 볶아요~라며 살아야 할 신혼의 때에 넘지 말아야 할 선을 넘었습니다. 인생에서 가장 열정적으로 서로를 아끼며 사랑해야 할 그때보다 상대방이 더 좋은 사람으로 변화할 가능성은 거의 없다는 것은 누구나 알 수 있는 진리에 가까운 사실인데, 웬일인지 희한하게 그 중요한 시점에서 많은 사람이 눈을 감고 생각하기를 멈추어버립니다.

'오랜 기간을 사귀어 왔으니까요', '이미 상견례를 마쳤습니다', '결혼식장을 잡았고 청첩장까지 모두 돌렸는데, 어떻게 이제 와서 뒤집겠습니까', '결혼하면 달라지지 않을까요', '우리를 닮은 아이가 태어나면 달라지지 않을까요. 둘째를 낳으면 정신 차리고 달라지겠지요….'

과연 그럴까요?

단언컨대 절대 달라지지 않습니다. 달라질 리가 없습니다. 오히려 더 나빠질 겁니다. 문제가 발생하면 어떤 형식으로든 그 문제에 대한 해결책이 있어야 합니다. 다른 사정이 발생한다고 그 문제가 결코 저절로 해결되지 않습니다. 그 문제가 해결되지 않는다면 상황을 더 진행하여서는 안 됩니다. 문제해결을 위한 도피성 방편으로의 상황 진행은 문제를 더 악화시킬 뿐입니다.

이혼소장을 볼 때마다 늘 드는 생각이 있습니다.

사람들이 결혼할 때는 한쪽 눈을 감아버리고 제대로 보지 않은 채 괜찮아질 거야라고 안이하게, 어떻게 보면 무모하다고까지 느껴질 정도로 단순하게 생각하며 결혼을 진행하고, 결혼하고 나서는 언제 그랬냐는 듯이 두 눈을 부릅뜨고 상대방의 모든 단점 찾기에 혈안이 되어 있는 것 같다는 점입니다.

결혼할 때는 두 눈을 부릅뜨고 상대방을 살펴보고, 결혼한 이후에는 한쪽 눈은 감으라는 명언을 우리는 잘 알고 있습니다. 그런데 흔한 이혼소장의 레퍼토리는 늘 그 반대입니다.

결혼한다고 달라지지 않습니다. 아이가 생긴다고 해서 갑자기 변하는 것은 결코 없습니다. 결혼 전이라면 두 눈을 부릅뜨고 상대방을 잘 살펴보고, 문제가 있다면 해결을 위해 노력해보고, 절대 해결이 되지 않는 문제라면 거기에서 멈추면 됩니다.

결혼하면 사실혼이 되고, 혼인신고를 하면 법률혼이 되어 멈추고 되돌리기가 쉽지 않습니다. 되돌리기 위해서는 시간, 노력, 돈, 에너지가 상상 이상으로 소모되고 맨정신으로는 버티기 힘들 정도로 지난한 과정을 거쳐야 합니다.

요즘은 시대가 많이 바뀌어서 이혼이 큰 흠이 안 되는 시대라고 많이들 이야기합니다. 이혼한 사람들이 나와 새로운 인연을 찾는 TV 프로그램들이 있을 정도이니까요. 그런데 참 아이러니하게도 아직도 이혼소장에서는 이런저런 이유로 파혼하는 것이 부끄러워서, 복잡해지는 것이 싫어서 그냥 결혼을 진행했다고 하는 사연이 너무나 많습니다.

결혼은 한 사람의 인생사에 있어서 큰 변곡점입니다.

한 사람이 결혼으로 인하여 여러 가지 사회적 지위를 얻게 됩니다. 아내와 남편이 되고, 자녀를 출산한다면 엄마와 아빠가 됩니다. 며느리와 사위라는 새로운 인간관계가 형성됩니다. 그 어느 것 하나 쉬운 것이 없는 역할들이며 더불어 하나하나가 너무나 중요한 위치입니다.

이렇게 중요한 역할을 한두 가지가 아니라 서너 개 이상을 한꺼

번에 획득하게 되는 무시무시한 제도 속으로 들어가면서, 눈에 보이는 하자가 뻔히 있는데도 부끄럽고 복잡해지는 것이 싫어서 그냥 go~한다는 것은 용감하다 못해 무모하다고밖에 볼 수 없습니다. 이런 결혼이 행복할 확률보다 로또에 당첨될 확률이 훨씬 더 높을 것 같습니다.

이혼하는 것에 비하면 혼인하기 전에 헤어지는 것은 어느 모로 보나 덜 소모적이고 덜 힘듭니다. '그래서 그들은 결혼해서 오래도록 행복하게 자~알 살았습니다'는 동화나 영화 속에서나 나오는 해피엔딩일 뿐입니다.

결혼하면 저절로 좋아지는 그런 마법 같은 일은 절대 일어나지 않으니, 결혼 전에 문제가 있다면 그냥 멈추면 됩니다. 처음 얼마간은 인생이 실패한 것 같은 패배감에 힘들기도 하겠지만, 또 누군가는 가십거리로 나의 이야기를 안주 삼아 떠들어 댈 수도 있겠지요. 그러면 어떻습니까. 괜찮습니다. 그러라고 하십시오. 부끄러움은 잠시이지만 후회는 한평생일 수 있습니다. 그 후회가 나에게서 그치지 않고 내 자녀에게까지 대물림될 수 있습니다.

결혼하기 전에 정신을 바짝 차리고 두 눈을 부릅뜨고 제대로 바라보십시오. 그렇게 선택하고 결정한 결혼이라면, 자신의 판단을 믿고 결혼생활 중에는 한쪽 눈을 감고 상대방을 바라봐주면 됩니다.

흔한 이혼소장의 그 흔한 레퍼토리를 더 이상 보지 않게 되기를 간절히 바라는 것은, 가사전문법관의 본분에 어긋나는 너무 큰 욕심인 걸까요.

아끼는 마음이 남아 있다면 1

2017년 가정법원에 입성한 이후 OECD 국가 중 최고를 자랑하는 우리나라의 이혼율을 막는 데에 일조를 하겠다는 희망찬 포부로 가득했습니다. 그런데 나의 그 원대한 꿈은 첫 조정사건에서 산산이 무너졌습니다.

아내는 이혼을 원하고 남편은 이혼을 원하지 않는 사건이었습니다. 쌍방이 대리인도 없이 딱 이혼만 구하는 사건인데, 남편에게 특별한 유책사유가 보이지도 않았습니다.

"그래, 바로 이 사건이야. 해보는 거야" 하고 두 주먹을 불끈 쥐고 조정실에 들어갔습니다. 원고석, 피고석에 나란히 앉아있는 부부는 인상도 좋아 보였고, 서로 닮기까지 했습니다. '오호~!! 느낌이 좋은데'라며 속으로 쾌재를 부르고 호기롭게 조정절차를 시작했습니다.

아내: 저는 이제 이혼하고 싶어요.

남편: 저는 이 사람 없이는 살고 싶지가 않습니다. (아내에게) 내가 뭐든지 다 잘못했으니까, 앞으로 더 잘할 테니까 같이 삽시다.

아내: (울면서) 저를 이제 그만 좀 놓아주세요.

남편: (울먹이면서) 이 사람아, 그동안 고생만 했는데, 왜 이제 살만하니까 나를 떠나려고 하는가. 이사람아….

남편을 조정실 밖으로 잠시 내보내고 아내에게 물었습니다.

판사: 남편분이 그렇게 나빠 보이지는 않는데, 사는 동안 많이 힘드셨어요?

아내: 아니요. 저는 저 사람에게 그렇게 나쁜 감정은 없어요.

판사: 그런데 왜 이혼하려고 하세요? 남편분은 저렇게 함께하고 싶어 하시는데요.

아내: 저는 이제 그냥 편히 쉬고 싶어요. 아무 누구에게도 간섭받지 않고 신경 쓰지 않고요. 요즘 집에만 있으면 숨을 잘 쉴 수가 없어요. 제가 살고 싶어서 이러는 거예요.

이건 뭐지? 싶은 당혹감이 뒤통수를 강타했습니다. 나도 모르게 깊은 한숨이 절로 새어 나왔습니다. 이혼소송을 취하시키고 두 분이 손잡고 아름답게 조정실을 나가게 하겠다는 기대감은 일찌감치 어디론가 사라져 버렸습니다. 아내를 밖으로 내보내고 남편에게 물었습니다.

판사: 아내분은 더 이상 남편분과 함께 있을 수가 없다고 합니다. 집에 있으면 숨을 잘 쉴 수가 없다고 하는데요. 어떡하면 좋을까요?

남편: 우리 집사람이 젊어서 고생을 많이 했습니다. 저는 돈 번다고 집안일이며 아이들 일에 너무 무심했지요. 우리 아내가 심장병이 있어요. 내가 옆에서 지켜주어야 합니다. 저 사람 혼자 놔두면 큰일 날지도 몰라요.

원고, 피고와 대화를 나눌수록 이 사건은 이혼을 시켜야 하는 것인지 취하를 시켜야 하는 것인지 조정의 방향조차도 종잡을 수 없는 상태가 되어버렸습니다. 원고와 피고 모두를 다시 조정실로 불렀습니다.

판사: 심장병이 있으시다면서요? 혼자 사시다가 큰일이라도 생기면 어떡하시려고요?

아내: 내가 심장병으로 내일 죽는다고 하더라도, 하루를 살더라도 편안하게 혼자 살고 싶어요.

남편: 어허~ 이 사람아, 무슨 그런 소리를 하는가. 손주도 보고 맛난 거도 먹고 나랑 오래오래 같이 살아야지.

아내: (울면서) 그냥 나를 제발 이대로 가게 해주세요.

이런 식의 도돌이표 대화가 2시간이 이어졌습니다. 두 사람은 서로 손을 맞잡고 계속 울면서 대화를 나누었습니다. 도대체 이 사건을 어떻게 해결하는 것이 좋을지 확신이 서지 않아 조정을 속행하기로 하고, 남편과 아내에게 한 번 더 생각해 본 뒤 4주 후에 다시 만나서 이야기를 나누기로 했습니다.

4주 후에 만난 아내와 남편의 생각은 변화가 없었습니다. 한 시간 동안 이야기를 나누었으나 지난 조정기일과 똑같은 상황이 재현될 뿐이었습니다. 아내는 결코 이혼소송을 취하하지 않을 것 같다는 느낌이 강력하고 확실하게 들었습니다. 그때 깨달았습니다. 가정의 회복을 위하여 이혼소송을 취하하는 것으로 조정을 하는 것이 얼마나 어렵고 힘든 일인지 말입니다. 결국 남편을 설득하는 수밖에 없었습니다.

판사: 아내분이 저렇게 도저히 함께 할 수 없을 것 같다고, 집에 있으면 당장 죽을 것 같다고 하는데 일단은 이혼하시는 것이 어떻겠습니까?

남편: 저는 아내 없이는 못 살겠습니다.

판사: 남편분의 마음도 제가 충분히 잘 알겠습니다. 조정실에서 보여주신 태도로 비추어 봤을 때 아내분을 생각하는 마음도 진실하

다는 것을 잘 알겠습니다. 그렇지만 남편분도 보셨다시피 아내분은 결코 마음을 돌이킬 것 같지 않습니다. 저렇게 간절히 혼자 살아보고 싶다고 하시는데, 일단은 이혼을 해주시는 게 어떨까요? 이혼하고 나서도 친구처럼 만나고 병원도 같이 가고, 밥도 한 번씩 같이 먹고요. 그렇게 사시다가 아내분의 마음이 회복되면 재결합하실 수도 있구요. 지금 현재 상황으로선 아내를 가장 위하는 길은 이혼을 해주는 것이 아닌가 싶습니다.

남편: ……

2회의 조정기일을 진행하며 4시간을 쏟아부은 나의 첫 조정사건은 그렇게 이혼하는 것으로 마무리되었습니다. 첫 사건으로 된통 혼이 난 이후, 이혼소송 중에 가정을 회복하기로 하고 이혼소송을 취하하는 형태로의 조정은 결코 이루어질 수 없는 이상향에 불과한가보다 자각하게 되었습니다.

실제로 오랜 기간 이혼재판을 진행해보니, 진정으로 가정을 회복하기로 하고 이혼소송을 취하하는 조정은 거의 손가락으로 꼽을 수 있을 정도로 희소했습니다. 이혼소송을 취하하는 경우 자체가 흔하지 않고, 취하한다고 하더라도 진정한 관계회복보다는 재산분할 문제 등이 얽혀서 어쩔 수 없이 일단은 이혼소송을 취하하는 경우, 아니면 상대방에게 1년이란 기회를 줘보자는 조정위원들의 말에 울며 겨자먹기식으로 일단은 취하하는 경우가 대부분이었습니다. 이런 사건들은 십중팔구는 일정한 시간이 지나면 다시 이혼소송이 제기되면서 이혼으로 재입장을 시작합니다.

부부가 이혼법정까지 올 때는 얼마나 많은 고뇌와 갈등이 있었겠습니까. 사실 솔직히 아직까지도 그 아내가 왜 그렇게 이혼을 원했는지 정확하게 이해는 되지 않습니다. 그렇지만 아내를 아끼던 남편은 결국은 아내가 요구하는 대로 이혼을 하는 것에 동의했습니다.

아끼는 마음이 있다면 상대방의 목소리에 귀를 기울여 주는 것. 그것이 도저히 이해되지 않고 받아들이기 어려운, 나에게 상당한 불편감을 주는 것이라도 그 마음을 어루만져주는 것.

아내는 이렇게도 자상한 남편과 왜 이혼을 하고 싶은 것이었을까요? 사람들마다 각자의 감정과 생각이 모두 다르니 겉으로 드러난 상황만 보고는 한 인간의 심연의 생각과 마음을 재단할 수는 없을 것입니다. 아내에게는 그럴만한 이유가 분명 있었을 것입니다.

그런데 왠지 저는 그 부부가 재결합하여 어디선가 서로를 아끼고 의지하며 살고 있을 것 같습니다. 시간이 지나 아내가 꼭 이혼을 해야만 했던 갈급한 그 뭔가가 채워진 후에 비로소 자신을 아끼는 남편을 다시 알아보지 않았을까 싶습니다. 그와 그녀의 알려지지 않은 엔딩이 그러하기를 간절히 바랍니다.

아끼는 마음이 남아 있다면 2

이미 말했다시피 저는 오랜 기간 이혼사건을 진행해오면서 이혼소송에서 가정의 회복을 위한 조정은 절대 불가능한 일이라고 확신에 가까운 믿음을 가지게 되었습니다.

그런데 최근에 이혼사건에 대한 나의 이런 철옹성 같은 편견을 깨는 사건이 있었습니다. 그 사건 역시 이혼을 원하는 아내, 이혼에 절대 응할 수 없다는 남편의 구조였습니다. 부부상담을 보낼까, 조정을 보낼까 고민하다가 일단 조정부터 먼저 시도해 보기로 했습니다. 조정위원으로부터 조정이 성립되었다는 연락이 왔습니다. 조정위원님들이 남편을 잘 설득해서 이혼하는 것으로 조정이 되었나 보군, 생각하며 조정실 문을 열었는데, 조정실 분위기가 평소와 완연히 달랐습니다.

환하고 생기 찬 느낌이랄까요. 조정조항을 보고 나니 근원을 알 수 없었던 그 묘하고도 말간 분위기를 이내 이해하게 되었습니다.

1. 원고는 이 사건 소를 취하하기로 하고 피고는 이에 동의한다.
2. 원고가 이 사건 소를 취하하는 조건으로 다음과 같은 사항을 제시하고 피고는 이를 적극적으로 수용하고 지키기로 약속한다.
   가. 피고는 일주일에 1회만 음주하기로 하며 술주정하지 않기로 한다.
   나. 피고는 하루 2시간 운동을 하고 밥을 세끼 먹도록 한다.
   다. 피고가 제3자(금융기관)에게 돈을 차용할 시 사전에 원고에게 허락받도록 한다.
   라. 피고는 도박을 절대 하지 않는다.
   마. 자녀 입장에서 이야기하도록 한다.
   바. 피고는 재취업하고 수입을 얻어서 가정 경제에 보탬이 되도록 노력한다.
3. 피고가 위 조건을 이행하지 아니할 경우 원고가 차후에 제기하는 이혼에 동의하며 모든 이혼절차에 협조하기로 한다.(절차에 협조하지 아니하여 이혼소송이 제기될 경우에 소요되는 모든 비용은 피고가 부담하기로 한다.)

오랜 기간 동안 가사전문법관으로 일하면서 이러한 내용으로 조정을 해본 적이 단 한 번도 없었기에 깜짝 놀라 아내에게 정말 이렇게 조정하기로 한 것이 맞냐고 물었습니다. 그녀는 밝고 순전한 얼굴로 그렇다고 대답합니다.

"아니, 이왕 다시 잘 살기로 마음먹으신 거라면 일주일에 1회만 음주하기로 한다는 조항은 왜 넣으셨어요? 아예 절대 술을 먹지 않는다라고 적으셔야지요."

이런 조정조항이 참 감격스럽기도 하고 한편으론 두 부부가 너무 재미있어서 아내에게 슬쩍 짓궂은 질문을 던졌습니다.

그러자 아내는 "안 돼요. 저 사람이 술을 얼마나 좋아하는 사람인데요. 일주일에 한 번은 마시게 해줘야 해요. 안 그러면 술 못 먹어서 죽을지도 몰라요"라며 천진한 대답을 합니다.

세상에…. 술을 아예 못 먹게 하면 우리 남편 죽을지도 모르니 한 번은 먹게 해주어야 한다고 적어 넣은 조정조항이라니…. 이혼재판을 하면서 한 번도 느껴보지 못한 희한한 전율이 느껴졌습니다. 이 기특하고도 갸륵한 조정조항을 보고 있노라니 도저히 참을 수가 없어서 실없는 계륵 같은 질문을 다시 아내에게 던졌습니다.

"그럼 '하루 2시간 운동하고 밥을 세끼 먹도록 한다' 이 조항은 뭐예요. 요즘 다들 삼식이 남편 밥 차려주기 싫다고 난리인데요."

그러자 아내는 세상에 둘도 없을 것 같은 사람 좋은 얼굴을 하고서 대답했습니다.

"이 사람은요, 밥을 차려줘도 먹지를 않아요. 운동도 안하고요. 차려주는 밥도 안 먹고 늘 이상한 것만 먹고 운동도 안 하고. 성인병 걸려서 빨리 죽을 짓만 골라서 해서 넣은 조항이에요."

아, 이 사랑스러운 아내를 어찌해야 할까요.

"그래도 남편분에게 취업해서 돈 벌어오라는 문구도 적절히 잘 넣어놓으셨네요"라는 판사의 말에 아내는 예상치 못한 대답으로 허를 찔렀습니다.

"아이고… 이 사람 나이가 많아서 취업이 제대로 되기나 하겠습니까. 그래도 집에서 계속 빈둥거리고 놀면 살만 찌고 사람이 무기력해지니까 어디 취직자리라도 알아보고 취직 잘 돼서 돈이나 좀 벌면 집에 조금 주면 좋고요. 저는 큰 기대는 안 해요."

그래도 가장 현실적인 조항이라고 생각한 그 문구마저도 아내의 남편에 대한 걱정이 반영된 문구였음을 알고 그녀의 남편에 대한 애정에 혀를 내둘렀습니다. 옆에 앉은 남편에게 이제 한 말씀 드려야 될 때가 되었습니다.

"***씨, 제가 가정법원에서 오랜 기간 근무하는 동안 셀 수 없이 많은 이혼사건을 처리했지만, 이런 조정조항은 단 한 번도 본 적이 없습니다. 아내분이 여전히 남편을 사랑하고 아끼는 마음이 있어서 한 번 더 남편에게 기회를 주시는 것 같군요. 이번이 마지막 기회일지도 모릅니다. 꼭 약속하신 대로 이행하셔서 다시는 이혼법정에 오지 않고 백년해로하도록 하세요."

그러자 남편은 "네, 판사님 말씀대로 우리 집사람한테 정말 잘하고 잘 살겠습니다"라며 기분 좋은 미소를 짓습니다. 그때 옆에 있던 넉살 좋은 조정위원이 "두 분 손도 잡으시고 한번 포옹도 하세요"라고 한마디 툭 던졌습니다. 부부가 쑥스러운 듯 웃기만 하자 다시 "에헤이~ 남편이 먼저 좀 손잡고 해보세요"라며 멍석을 깔아주니 남편이 덥석 아내의 손을 잡습니다.

아내가 싫지 않은 듯 함박미소로 응답하자, 남편은 아내의 두 손을 어루만지며 "내가 그동안 정말 미안했네. 앞으로 정말 잘할게~"라며 진심 어린 마음을 담아 아내에게 말했습니다. 남편의 따뜻한 그 한마디에 아내는 눈물을 글썽이며 "밥 잘 묵고 운동도 열심히 하고, 술 많이 묵지 말고…"라고 답합니다. 남편의 눈시울도 금세 붉어집니다.

그렇게 부부는 가벼운 발걸음으로 조정실을 빠져나갔고, 저들이 다시는 이혼법정에 발을 들이지 않을 것 같은 향긋한 예감에 판사실로 향하는 내 발걸음도 함께 설레었습니다.

사무실로 돌아와 채 가시지 않은 감동의 여운을 느끼며 사건을 정리하던 중 이 사건의 아내가 마치 '원이 엄마' 같단 생각이 문득 들었습니다. 많은 분이 아시겠지만, 지난 1998년에 발견된 한 한글 편지가 있었는데, 이름도 없이 그저 '원이 엄마'로 알려진 여인의 편지였습니다. 원이 엄마는 편지에서 먼저 세상을 떠난 남편을 향한 절절한 슬픔과 그리움을 토해냈습니다. 편지가 발견된 당시 무덤에는 이 여인이 삼과 자신의 머리카락으로 만든 미투리(짚신) 한 켤레가 함께 들어 있었다고 합니다.

원이 아버지께

당신 언제나 나에게 둘이 머리 희어지도록 살다가 함께 죽자 하시더니 어찌 나를 두고 당신 먼저 가시나요.

나와 어린아이는 누구의 말을 듣고 어떻게 살라고 다 버리고 당신 먼저 가시나요.

당신 나에게 어떻게 마음을 가져왔고, 나는 당신에게 어떻게 마음을 가져왔었나요.

함께 누우면 언제나 나는 당신에게 말하곤 했지요.

여보, 다른 사람들도 우리처럼 서로 어여삐 여기고 사랑할까요.

남들도 정말 우리 같을까요.

어찌 그런 일들 생각하지도 않고 나를 버리고 먼저 가시나요.

당신을 여의고는 아무리 해도 나는 살 수 없어요.

빨리 당신에게 가고 싶어요.

나를 데려가 주세요.

당신을 향한 마음을 이승에서 잊을 수 없고, 서러운 뜻 한이 없습니다.

내 마음 어디에 두고 자식 데리고 당신을 그리워하며 살 수 있을까 생각합니다.

이내 편지 보시고 내 꿈에 와서 자세히 말해 주세요.

당신 말을 자세히 듣고 싶어서 이렇게 글을 써서 넣어 드립니다.

자세히 보시고 나에게 말해 주세요.

당신 내 뱃속의 자식 낳으면 보고 말할 것 있다 하고 그렇게 가시니 뱃속의 자식 낳으면 누구를 아버지라 하라시는 거지요.

아무리 한들 내 마음 같겠습니까?

이런 슬픈 일이 또 있겠습니까?

당신은 한갓 그곳에 가 계실 뿐이지만 아무리 한들 내 마음같이 서럽겠습니까?

한도 없고 끝도 없어 다 못 쓰고 대강만 적습니다.

이 편지 자세히 보시고 내 꿈에 와서 당신 모습 자세히 보여주시고 또 말해 주세요.

나는 꿈에는 당신을 볼 수 있다고 믿고 있습니다.

몰래 와서 보여주세요.

하고 싶은 말, 끝이 없어 이만 적습니다.

– 병술 유월 초하룻날 집에서 아내 올림

이 편지를 읽고 나서 원이 아버지란 분이 참 궁금해졌습니다. 1500년대, 그 옛날 옛적에 아내를 도대체 어떻게 사랑했길래 혼자 남은 아내는 저리도 애절하게 지아비를 그리워하는 걸까요. 동서고금을 막론하고 사랑꾼은 존재하나 봅니다.

어쨌든 이 사건의 아내와 원이 엄마의 표현방식은 완전히 달랐지만, 두 여성의 남편을 향한 마음이 같은 느낌으로 저에게 다가왔습니다. 남편에 대한 사랑이, 그를 고치고 싶은 마음이 이혼소송이라는 극약처방으로 이어졌고, 결국은 아내의 약발이 먹혔으니까요. 아내의 깊은 사랑이 아니고서야 절대 나올 수 없는 이 황홀한 조정안을 보고 있노라니, 남편은 시쳇말로 전생에 나라를 구한 사람임이 틀림없을 듯합니다.

미완의 행진

그는 재판기일마다 말쑥한 양복 차림으로 법정에 출석했습니다.

고작 3분, 길면 5분 정도의 재판기일에 늘 변호사와 함께 출석하며 진지하게 임하는 그의 자세가 인상적이었습니다. 그렇다고 법정에 나와서 특별한 말을 하는 것도 아니었습니다. 그저 자신의 변호사, 상대방 변호사, 그리고 재판장의 이야기를 귀담아듣고 재판을 마치면 꾸벅 인사를 하고 돌아가곤 했습니다. 89년생의 인상 좋은 그는 그녀와 고작 4년여가 채 안 되는 결혼생활을 마무리하며 이혼으로 입장했습니다.

그는 사업장을 운영하고 있었고, 아내와 결혼 후 아내가 사업장의 경리업무를 맡아 사업장을 꾸려나갔습니다. 그러나 불행히도 그녀는 다른 남자와 부정행위를 했고, 급기야 회사의 돈에 손을 대기 시작했습니다. 이 모든 사실을 한꺼번에 알게 된 그는 그녀와 이혼을 위한 행진을 시작하게 되었습니다.

아내는 명백한 유책배우자였습니다. 그러나 이혼소송에서 재산분할까지 해야 했는데, 회사재산에 대한 횡령죄 고소 등이 엮여있어, 소송이 제법 길게 이어질 것으로 보였습니다. 그러던 중 그가 자살 시도를 했습니다. 아내 쪽에서는 이 사실을 가지고 마치 남편이 사업을 부도덕하게 해서 이것이 발각될까 하는 두려움과 스트레스로 자살 시도한 나약한 남자라며 몰아세웠습니다.

그는 다른 날과 달리 재판기일에 매우 상기된 표정으로 숨을 몰아쉬며 앉아 있었습니다. 아내의 준비서면 내용에 대하여 할 말이 많은 듯이 보였고, 나는 먼저 말문을 열었습니다.

판사: 원고, 왜 그런 허망한 생각을 했습니까? 아직 나이도 젊고 전도 유망한데 빨리 이 사건을 정리하고 새로운 인생을 살면 되지요. 그런 나쁜 생각 하지 마세요.

남편: 판사님, 저는 정말 억울해서 잠이 안 옵니다. 예. 맞습니다. 제가 며칠 전에 자살 시도를 했습니다. 그러나 성공하지 못해 지금 이 자리에 앉아 있습니다. 그런데 제가 탈세로 인한 부담으로 자살 시도를 했다고요? 저 여자는 정말 나쁜 사람입니다. 제가 자살 시도한 것은 저 여자가 나에게 저지른 엄청난 잘못들 때문인데, 어떻게 저런 말을 할 수 있는지 모르겠습니다. 제가 이 사건으로

> 정신과 치료를 받고 있으며, 이로 인해 자살 시도에 이르게 되었다는 자료들이 모두 있으니 그러한 자료들을 제출하겠습니다.

법정에 나온 그는 너무나 억울해했습니다. 자신이 자살을 시도한 이유는 너무나 사랑하며 믿었던 아내의 배신 때문이었는데, 말도 안 되는 이유로 자기를 또다시 모욕한다고 손을 떨며 거친 숨을 몰아쉬었습니다. 한 재판기일에 수많은 사건을 진행해야 하다 보니 한 사건에 5분 이상을 할애하기가 어려운 현실이지만, 그를 보니 그냥 그렇게 지나가면 안 될 것 같아 말을 이어갔습니다.

"괜찮습니다. 그런 자료들 내지 않아도 괜찮습니다. 원고의 자살 시도 원인은 이 사건의 결론과 아무런 관련이 없고 나에게 중요하지 않습니다. 그리고 상대방의 준비서면을, 증거도 없이 적어낸 추측성 글을 판사가 액면 그대로 신뢰하지 않으니 그런 글 자체만으로 너무 힘들어하지 마세요. 나는 원고가 그런 생각을 했다는 것이 너무 안타깝고 걱정스러울 뿐입니다. 그런 생각하지 말고 빨리 이 사건 잘 마무리하고 새 출발 할 수 있도록 마음을 붙잡으세요. 아셨지요?"

판사의 위로에 안도가 되었는지 그는 손수건으로 이마의 땀을 닦으며 자리에 앉았고, 그는 나와 눈을 맞추며 그러겠다고 고개를 끄덕여주었습니다. 다음 재판기일을 잡았습니다.

한 달의 시간이 지나고 다시 재판. 그의 사건을 진행합니다. 사건번호를 호명하고 양 대리인이 원·피고석에 앉는데 웬일로 그가 보이지 않았습니다. 지난 기일에 눈을 맞추며 안도의 숨을 쉬고 고개를 끄덕이던 그가 이제 새로운 일을 시작하면서 바빠진 것일까요?

자리에 앉자마자 원고의 대리인이 입을 뗐습니다.

"재판장님, 지난주에 원고가 자살했습니다."

"아, 네? 아, 네… 끝내…."

심장 한쪽 끝부분이 툭 떨어지는 듯한 서늘함이 엄습해왔습니다. 그는 끝내 나와의 약속을 지키지 않았습니다. 아니, 그는 지키고 싶었을 것이나 지킬 수 없었을지도 모르겠습니다. 약간의 현기증마저 느껴지며 한동안 말을 잇지 못하다 정신을 차리고 한마디 꺼냈습니다.

"…그럼… 이 사건은 어떻게 하시겠습니까…?"

원고 대리인은 상속인들과 의논해보겠다고 하고, 피고 대리인은 피고 역시 상속 포기를 할 생각이라며 말끝을 흐립니다.

그날 밤 나는 쉬이 잠들지 못했습니다. 내가 좀 더 빨리 사건을 진행해서 이혼판결을 해주었더라면 원고가 죽지 않았을까? 지난 기일에 피고가 유책배우자이고 당신은 이 이혼소송에서 승소할 것이라고, 좀 더 확실한 메시지를 주었더라면 그가 삶의 끈을 놓지 않고 버틸 수 있었을까? 그때 좀 더 시간을 내어 그의 마음을 살피고 더 위로해주었더라면 그가 지금 살아있을까….

나는 이 사건 메모지[1]의 아내 이름 옆에 '유책'이라고 선명하게 기재해 놓았습니다. 그러나 이혼과 함께 재산분할을 청구했고, 재산분할을 하기 위해서는 원고가 운영하던 사업체의 재산, 피고가 횡령했다고 하는 금원의 정리가 필수적으로 선결되어야 했기 때문에, 나로서도 더 이상 빨리 진행할 수 있는 방법이 없는 사건이었습니다. 무의미한 질문이며 내 책임이 아니란 걸 머릿속으론 너무나 잘 알고 있었지만, 그럼에도 하릴없이 계속 자문하며 자책했습니다.

그가 그렇게 허망하게 이 세상에서의 마지막 숨을 내뱉으며 떠나는 것을 막을 수 있는 방법이 정녕 없었을까…? 지난 기일 손수건으로 이마의 땀을 닦아내던 남동생 같던 그가 눈앞에 어른거렸습니다.

며칠 뒤 쌍방 대리인의 소송 취하서가 접수되었고, 그의 이혼으로 향하던 행진은 그렇게 미완으로 결론을 맺었습니다.

일주일가량 힘겹게 지내다 그 사건을, 그를 떠나 보내주었습니다. 자기도 좀 쳐다봐달라며 아우성치는 뭇 사건들을 외면할 수 없으니 말입니다.

이혼은 참말로 힘이 듭니다. 재판으로 하는 이혼은 더더욱 힘이

---

1 판사들은 재판을 준비하면서 사건을 검토하고 여러 가지 필요한 내용들(당사자들이 주장한 내용, 증거 내용, 법률적 쟁점, 당사자들에게 확인할 사항 등)을 '메모지'라 부르는 서식에 기재합니다. 그리고 재판일에 이 메모지를 가지고 들어가 메모지와 기록을 함께 보며 재판을 진행합니다.

듭니다. 상대방이 제출한 준비서면을 보고 있노라면 그나마 가지고 있던 상대방에 대한 일말의 감정마저도 개나 줘버리게 될 만큼 비참합니다. 그게 이혼소송입니다. 이혼으로 가는 행진의 시간이 어렵고 힘든 이유입니다.

결혼 행진이 모든 이들의 축복과 환호 속에 걷는 꽃길이라면, 이혼을 위한 행진은 매순간 상처 입는 지리한 전투입니다. 그러나 죽을 만큼 힘든 순간을 가까스로 지나 이혼을 위한 행진을 마치고 너덜너덜하게 찢겨진 상처투성이로 그 끝에 도달할지라도, 그 긴 터널을 마치고 나온 순간부터 그 상처는 회복되기 시작합니다. 그러니 이 지구별 봄날의 향기로운 햇살과 한여름날의 아리따운 파도와 가을날의 갈색빛 바람과 겨울날의 포근한 첫눈을 절대 포기하지 마시기 바랍니다.

첫사랑을 내버려두세요 1

결혼한 지 1년이 채 지나지 않은 신혼부부였고, 아직 혼인신고도 하지 않은 상태였습니다.

아내와 남편은 공무원으로 각자 다른 지역에 근무하며 주말부부를 하고 있었는데, 그날은 아내가 남편의 숙소에 연락 없이 밤늦은 시간에 깜짝 방문을 했습니다. 결혼기념일 3일 전이었습니다.

그런데 문을 열고 들어간 아내의 눈에 기괴한 모습으로 잠들어 있는 남편의 모습이 번뜩 들어왔습니다. 남편은 바지를 반쯤 내려 성기를 드러낸 채 한 손에는 정액이 묻은 휴지를 들고 거실 소파 위에서 잠들어 있었습니다. 아내는 남편의 해괴한 모습에 너무나 놀라 무슨 일인가 싶어 옆에 놓여 있던 남편의 휴대전화를 들여다보았습니다. 판도라의 상자가 열리는 순간이었습니다.

며칠 전 남편은 첫사랑 그녀에게 뜬금없이 생일 축하한다며 카카오톡 연락을 했고, 둘은 오랜만이라며 일상적인 인사를 나누었습니다. 그리고 아내가 방문했던 그 날 남편은 그녀에게 카카오톡으로 두 번째 연락을 했습니다. 이런저런 이야기를 나누다 마침내 불타올랐던 과거 연애시절의 이야기에 이르렀고, 둘은 과거의 어느 시점과 장소를 회상하며 각자 자기 위로를 갖는 시간을 보냈던 것입니다.

그러다 남편은 그대로 잠들었고, 아내가 하필 그 모습을 발견했습니다. 아내는 휴대폰 속에 들어 있던 남편과 첫사랑 그녀와의 저속하고도 음란한 대화들을 확인한 이후 남편에게 이혼을 통보했습니다. 남편은 울며 아내에게 용서를 빌고 매달렸지만, 아내의 마음은 이미 돌아선 이후였습니다. 이혼을 받아들일 수 없었던 남편은 자살을 시도하였고, 수면제를 먹은 뒤 목을 맨 남편을 발견한 아내는 그를 살려내었지만 끝내 마음을 돌이키지는 않았습니다.

둘은 열흘 후, 사실혼 해소에 관한 합의서를 쓰고 그렇게 자신들의 사실혼 관계를 정리했습니다. 그리고 아내는 남편의 첫사랑인 그 여자에게 손해배상 청구 소송을 제기했습니다.

첫사랑 그녀는 그 남자가 결혼한 이후에 단 한 번도 서로 연락하거나 만난 적이 없었다고 항변합니다. 어느 날 갑자기 그가 먼저 카카오톡으로 연락이 왔길래 인사 몇 마디 나누고, 두 번째 대화에서 자신들의 과거 연애 내용을 카카오톡으로 몇 마디 주고받은 것이

다인데 너무 과도한 위자료를 요구한다며 억울해했습니다. 그렇지만 그런 부적절한 대화 내용이 포함된 카카오톡 대화를 나누었던 사실은 인정하고, 이 일로 원고에게 정신적 고통을 주었다는 점에 대해서는 너무나 미안하며 원고와 남자가 다시 원만하게 화해하기만을 바란다는 말도 덧붙였습니다.

요즘 이혼소장에 등장하는 흔한 부정행위의 모습들은 차마 글로 표현하기가 힘들 정도로 민망하기 짝이 없는데, 이 사건은 겨우 딱 한 번 음란한 카카오톡 메시지를 주고받은 것이 전부이니 첫사랑 그녀에게 부정행위 책임을 물을 수 있는 것일까 하는 생각마저 들기도 했습니다. 또 실제로 부정행위에 대한 주체적인 책임을 져야 하는 남편에 대해서는 합의를 하면서 위자료 책임을 묻지도 않았으니까요. 재판을 모두 마치고 선고기일만 앞둔 어느 날에 아내는 다음과 같은 진술서를 작성하여 제출했습니다.

어릴 적부터 이혼가정에서 자라 좋은 가정을 꾸리고 살고만 싶었던 저에게는 이혼도, 다시 혼자가 되는 것도, 또 이렇게 상간소송까지 하는 것도 너무 감당하기 벅찬 일들입니다. 그럼에도 불구하고 제가 상간소송을 한 것은, 분명 잘못한 사람은 따로 있는데 죄는 제가 받고 있다는 생각이 들어서 그것을 바로잡고 싶어서입니다.

절반의 잘못은 전 남편도 함께한 것이기는 하지만 그 사람은 이 일로 하나뿐인 아내를 잃었고, 수차례 목숨을 끊으려는 시도를 할 정도로 저에게 큰 죄책감을 가지고 있다고 느껴집니다. 얼마 전 재판 이틀을 앞두고 전 시어머니가 돌아가셨습니다. 홀어머니마저 돌아가시고 이제 남편은 하나뿐인 아내에게도 버림받은 채 철저히 혼자가 되어 살아가고 있습니다. 저 또한 제 인생에서 난생처음 온전한 가정을 이뤄 그 안에서 행복을 느껴보았습니다. 한여름 밤에 남편과 손을 잡고 길을 걸으며 아이스크림을 먹는 그 작고 사소한 일조차도 저에겐 너무나 크고 소중한 일상이었습니다. 그러나 저는 이제 제 모든 걸 잃고 이 재판에 나섰습니다.

남들은 이혼이 요즘 대수냐고 하지만, 저는 제가 이혼한 사실이 제 직장에 알려지는 것이 너무나 견디기 어렵고, 이 일로 지난 5년간의 공직 생활도 내려놓았습니다. 저에게 남은 건 이혼녀라는 꼬리표와 작은 원룸 하나가 전부입니다. 이 일이 없었더라면 남편과 앞으로 50년, 60년 해로하며 살았을지도 모를 일이고, 그 안에서 남편과 저를 닮은 작고 귀여운 우리 아이가 태어나고 부모로서 기쁨을 느끼고 서로 보듬어가며 살아가는 이야기들이 그려졌을지 모를 일인데, 한번 그런 꿈을 가져보기도 전에 모든 것이 피고와의 일로 물거품이 되었습니다.

너무 큰 상처는 아무리 용서를 하려 해도 용서가 되지 않고, 저도 제 남편을 용서하지 못해 이혼에까지 이른 이 상황이 너무 슬프고 억울하고 참담한 심정입니다.

저는 나쁜 사람들이 많은 세상이지만 그래도 대한민국은 아직 정의가 살아있는 나라라고 진심으로 믿고 있습니다. 한낱 개인인 제가 법에 의지하지 않고 그 여자를 찾아가 머리채를 휘어잡을 수도 있겠지만, 그 여자가 한 것처럼 그렇게 더럽고 저속하게 대응하고 싶지 않았고 법은 정의로울 것이라 생각하고 법에 제 억울한 마음을 다 맡기고 의지하기로 했습니다.

부디 제가 이런 일들로 또 다시 용기를 잃지 않게 도와주세요. 착하게 살면 잘못은 법이 응징을 해줄 것이고 선함은 악함을 이긴다는 것을 믿고 앞으로 남은 삶을 다시 살아갈 용기를 낼 수 있게 해주세요. 진심으로 간청드립니다.

나는 판결문으로 이렇게 응답했습니다.

사실혼관계에 있어서도 부부는 민법 제826조 제1항 소정의 동거하며 서로 부양하고 협조하여야 할 의무가 있으므로 혼인생활을 함에 있어 부부는 서로 협조하고 애정과 인내로써 상대방을 이해하며 보호하여 혼인생활의 유지를 위한 최선의 노력을 기울여야 하고[2], 제3자가 부부의 일방과 부정행위를 함으로써 혼인의 본질에 해당하는 부부공동생활을 침해하거나 유지를 방해하고 그에 대한 배우자로서의 권리를 침해하여 배우자에게 정신적 고통을 가하는 행위는 원칙적으로 불법행위를 구성하며[3], 이러한 법리는 사실혼관계 파탄으로 인한 손해배상의 경우에도 적용된다. 이때의 '부정행위'라 함은 간통을 포함하는 보다 넓은 개념으로서 간통에까지는 이르지 아니하나 부부의 정조의무에 충실하지 않는 일체의 부정한 행위가 포함되며, 부정한 행위

2 대법원 1998. 8. 21. 선고 97므544, 551 판결 등 참조

3 대법원 2014. 11. 20. 선고 2011므2997 전원합의체 판결 등 참조

인지 여부는 구체적 사안에 따라 그 정도와 상황을 참작하여 평가하여야 한다.[4]

인정사실에 의하면 피고는 ***이 배우자 있는 자임을 알면서도 ***과 부정행위를 하였고, 이로 인하여 배우자로서의 원고의 권리가 침해되고 원고와 *** 사이의 혼인관계가 파탄에 이르렀다고 판단된다. 따라서 피고는 원고에게 원고가 입은 정신적 손해를 배상할 의무가 있다.

원고와 ***의 혼인 기간, 혼인파탄의 경위, 부정행위의 기간과 정도, 원고의 혼인관계에 미친 영향, 부정행위 이후의 사정 등 이 사건 변론에 나타난 모든 사정을 종합하여, 피고가 원고에게 지급할 위자료를 1,200만 원으로 정한다.

이에 대하여 피고는, 원고가 ***과 사실혼 관계를 해소하면서 ***으로부터 재산분할금 6,300만 원을 지급받기로 하였는데 원고와 ***의 혼인기간 등에 비추어 볼 때 위 금원에는 위자료가 포함되어 있다고 할 것이므로 피고의 위자료 책임 범위가 최소한으로 제한되어야 한다고 주장하나, 위 주장을 인정할 증거가 없으므로 이를 받아들이지 아니한다.

나는 그녀가 내 판결에 결단코 수긍할 수 없을 것이라고 생각합니다(그러나 그녀는 나의 판결에 항소하지 않았고 그대로 확정되었습니다). 그녀가 받은 정신적인 고통은 1,200만 원이란 돈으로 결코 위로되지

4 대법원 1988. 5. 24. 선고 88므7 판결, 1992. 11. 10. 선고 92므68 판결 등 참조

아니할 것이기 때문입니다. 그녀의 절절한 마지막 진술서에서 그녀의 깊은 고통과 참담함이 그대로 느껴졌습니다. 특히 '이 일이 없었더라면… 남편과 저를 닮은 작고 귀여운 우리 아이가 태어나고 부모로서 기쁨을 느끼고 서로 보듬어가며 살아가는 이야기들이 그려졌을지 모를 일인데…'라는 문구에서 마음이 먹먹해졌습니다.

같은 여자로서, 아내로서, 엄마로서의 나는 그녀의 심정을 백분 이해하고도 남음이 있습니다. 그녀가 청구한 3,000만 원을 전부 인용해주고 싶습니다. 그녀의 아픈 마음을 어찌 돈으로 환산할 수 있을까요. 그러나 판사로서의 나는 이 사건의 혼인기간(1년 미만), 혼인 파탄의 경위(사실혼, 자녀 없음), 부정행위의 기간과 정도(1회성 메시지 수발신)를 참작한 판결을 할 수밖에 없습니다. 그것에 비추어 본다면 이 사건의 위자료 액수인 1,200만 원은 다른 사건에 비하여 결코 적은 금액은 아닙니다.

그녀는 나의 이런 마음들을 절대 알지 못하겠지만, 나는 이런 마음들을 담아 판결을 선고합니다.

그녀의 마음에 소리 없이 흐르는 강 같은 평화가 깃들길 바라며….

첫사랑을 내버려두세요 2

아내는 분노에 찬 얼굴로 원고석에 앉아 있고, 피고석에 앉은 남편의 얼굴은 어둡고 힘들어 보였습니다. 아내는 이혼을 원하고 남편은 절대 이혼할 수 없다고 합니다.

아내의 이혼소장:

남편과 아들이 작당하여 저의 남사친을 상간남으로 만들어 위자료소송을 제기했고 그는 이 상황을 견디지 못해 결국 세상을 떠났습니다. 그 사람은 죽었는데 그의 아내와 어린 자식들에게까지 소송을 이어받게 해서 계속 재판을 하고 있는 피도 눈물도 없는 사람이라서 더 이상 이 혼인관계를 유지할 수 없습니다.

판사의 생각:

뭐 사람이 죽었다고? 얼마나 억울했으면 어린 자식들을 두고 죽은 거지? 사람이 죽었는데 처자식들을 상대로 끝까지 소를 유지하고 있다고? 남편 정말 너무하네.

남편의 답변서를 열어보았습니다.

남편의 답변서:

상간남은 아내가 대학교 시절에 만난 첫사랑입니다. 아내가 상간남과 재회하기 전까지는 우리 부부 사이에 아무런 문제가 없었습니다. 그런데 아내가 언제부턴가 핸드폰을 손에서 놓지 않고 이어폰으로 뭔가를 들으며 늘 웃는 보습을 보였습니다.

그러던 2020년 5월경 어느 새벽에 아들은 엄마가 이어폰을 귀에 꽂고 뭔가를 들으며 잠들어 있는 모습을 보았습니다. 엄마의 이어폰을 자신의 귀에 꽂은 아들은 엄마가 어떤 남자와의 대화를 녹음해 듣고 있었고 그 남자는 엄마의 불륜상대라는 사실을 알게 되었습니다. 아내는 상간남과의 통화를 녹음해 두고는 혼자 있을 때마다 음악을 듣듯이 이를 재생하여 듣곤 했던 것입니다. 아들은 엄마 몰래 그 대화 내용을 녹음하고, 엄마를 미행해 엄마와 상간남의 사진을 찍은 뒤 저에게 모든 사실을 알려주었습니다.

저는 2020년 7월경 아내 몰래 상간남을 상대로 손해배상소송을 제기했는데, 아내가 이 사실을 알고 9월에 가출을 해버렸습니다. 하나밖에 없는 아들을 생각해서라도 아내와 25년간 유지해온 가정을 깨뜨릴 의사가 전혀 없습니다. 저와 아들은 아내가 하루빨리 가정으로 돌아오기를 간절히 바라고 있습니다.

남편이 내어놓은 자료에는 이전 단란했던 가족의 모습과 아내와 상간남의 명백한 불륜 행위의 흔적이 가득했습니다. 아내와 상간남은 몇 년의 시간 동안 연인관계로 지내오고 있었습니다.

판사의 생각:

남편이 이해되지 않습니다. 도대체 저렇게 남의 남자가 좋다고 난리가 난 아내를 어떻게 받아들일 수 있다는 것인지. 이혼하기 싫은 보복심리가 아닐까.

아내의 변:

저는 9세 때 모친을 여의고 계모와 살아오면서 정서적인 따뜻함과 부드러운 말이 그리웠습니다. 남편과 결혼할 당시 시부의 사업 실패로 인한 빚으로 가세가 기운 상태였기에 남편은 여섯 식구의 가장으로 일에 매달렸습니다. 하루에도 7-8번 밥상을 차리고 가사 일에 매달려 바깥 구경도 힘들었습니다.

남편인 피고의 벌이가 얼만지 모르며, 생활비 관리는 시모가 해서 외아들의 용돈도 한 푼 줄 수 없는 형편이었습니다. 다행히 함께 25년간 동거한 시모는 좋은 분이셨습니다. 그러나 시모가 하나밖에 없는 친손주를 일일이 챙기면서 저는 엄마의 역할을 박탈당했고, 부부관계도 소원해졌습니다.

저는 시부모가 거동이 안 되는 5년간 간병을 했고, 남편이 하던 학원과 식당일도 5년간 협력했습니다. 남편은 저를 배우자로 존중하기는커녕 일말의 애정조차 없이 25년간 혼인생활을 지속해 왔고, 아주 오래전부터 혼인생활이 형해화되었음에도 불구하고 저와 남친이 친밀하게 지낸 것을 트집 잡아서 오기로 이혼을 거부하고 있습니다.

아들은 한술 더 떠서 마치 아랫사람에게 야단을 치듯 '그동안 잘못한 것이 있으니 자숙하라'며 어머니인 저에게 명령했고, '집 나가면 그에 상응하는 후속 조치로 압박을 가하겠다'며 협박까지 했습니다.

남편과 아들은 남사친의 아내가 보게 할 목적으로 소장을 세 번 연속 퀵서비스로 그의 집에 보냈고, 결국 그의 아내가 소장을 읽게 되면서 그의 가정이 파탄 났습니다. 이를 비관한 친구는 자살이라는 극단적 선택을 하고 말았습니다. 그런데도 남편은 기어이 망인의 배우자와 어린 자녀들에게 위자료 1,000만 원을 뜯어내었습니다.

판사의 생각:

아내이자 엄마인 원고는 어쩌다가 남편과 심지어 하나뿐인 아들에게조차도 이렇듯 말로 표현하기도 힘들 정도의 원망을 가슴에 품게 되었을까….

부부상담 조치를 했습니다.

밝혀진 진실:

아내는 상담사에게 상담 내내 소리 지르며 "꼴도 보기 싫은 남편, 잔인한 사람"이라며 오열했습니다.

"남편과 아들은 이 세상에서 가장 악질적인 사람이에요. 이혼 못 해준다면서 수시로 협박하고, 사랑하는 그 남자 집으로 상간 소장을 세 번이나 보내고, 그 남자 죽게 만들고…. 세상에서 가장 사랑한 사람이 자살했습니다. 남편은 소송해서 천만 원 벌었어요."

아내는 결국 외도를 인정했습니다. 그녀에게는 망자와의 애도작업 및 떠나보내기 작업이 필요했습니다. 남편은 상담사에게 아내가 아직 모르는 비밀이 있다고 털어놓았습니다.

"상간남은 금전적인 이득을 취할 목적으로 아내를 만났고, 아내가 아르바이트하며 모은 쌈짓돈을 모두 가져가 버렸습니다. 그리고 아내가 먼저 이혼하면 자신도 이혼하겠다며 계속적으로 아내에게 이혼해서 재산분할 받을 것을 말했고, 어떻게 하면 다른 남자가 생겼다는 의심을 받지 않고 이혼을 요구할 수 있을지를 구체적으로 지시하기도 했습니다. 아내는 상간남에게 중독되고 가스라이팅을 당하고 있었습니다. 저는 아내와의 가정을 지키겠다고 마음먹고 상간남이 스스로 아내와의 관계를 정리하도록 하기 위해 상간남에게 손해배상 소송을 제기했습니다.

그러자 그는 저에게 '죽을죄를 지었다. 합의해 달라'고 했습니다. 그런데 그로부터 며칠 후에 별안간 '당신의 후속조치가 뭔지는 잘 모르겠지만, 이 게임은 당신이 졌소! 내 죽음으로 당신은 당신 아내에게 살인자란 각인을 심어주게 될 거고, 그 후에 과연 당신 아내가 당신과 살려고 할까? 그리고 이까짓 소송도 자동으로 취하되겠지. 흐흐흐. 이 게임은 완벽히 당신이 졌소!'라는 문자메시지를 남기고 자살해버렸습니다. 저는 위 문자를 받고 그자가 이런 상황을 '게임'으로 보고 있었다는 사실에 섬뜩함을 느꼈습니다."

남편은 상간남으로부터 받은 이런 비인간적인 문자메시지를 가지고 있었음에도 아내에게 또 다른 아픔이 될 것 같아 아내에게 알리지도, 재판의 증거로도 제출하지 않았던 것입니다. 그는 정말 자신의 아내를 아끼고 사랑하고 있었습니다. 그런데도 아내는 이러한 사실을 전혀 알지 못한 체 남편이 자신의 연인을 자살하게 했다며 강한 공격과 비난을 퍼부었습니다.

그러나 남편은 아내와의 갈등을 더 깊게 만들고 싶지 않았기에 아내를 비난하지도 않고 아내가 자신을 탓하는 말을 해도 싫은 소리 한 번 하지 않았습니다. 남편이 아내와 이혼할 수 없는 이유는 아내의 심성이 착하여 그동안 많은 희생을 했고, 상간남에게 속은 것도 바로 그런 착한 심성 때문이니 자신이 살며 보듬어 주고 갚아주어야 하기 때문이라고 합니다.

아내는 남편이 출근하면 보이지 않을 때까지 손을 흔들며 따뜻하게 배웅해 주던 그런 사람이었다고 남편은 과거를 회상하며 상황과 어울리지 않는 흐뭇한 미소를 짓습니다.

그랬습니다.

아내의 남자친구는 자녀들이 있지만 직장도 없는 백수였고, 재정적 필요를 그녀에게서 채웠습니다. 아내는 자신이 아르바이트해서 짬짬이 모은 쌈짓돈을 상간남에게 아낌없이 송금했습니다.

아내는 살아오며 이런저런 사정으로 남편과의 관계가 소원해져서 대화도, 부부(성)관계도 뜸해진 찰나에 감언이설로 다가온 옛사랑에 눈이 멀게 된 나머지 가정을 떠나버렸습니다. 남편의 상간자 소송으로 연인이 죽어버리자 모든 것이 남편의 탓이며 외도 전 가족과 함께 보낸 소소하지만 행복했던 모든 과거를 부인했습니다.

그러나 다행히 아내는 부부상담을 통해 마침내 망자를 떠나보내게 되었고, 그 과정에서 남편이 아내가 상처받지 않게 하기 위해서 끝까지 뭔가를 함구하고 있다는 것과 남편이 진실로 가정이 회복되기 위해 뼈를 깎는 고통으로 노력하고 있다는 것을 그제야 보게 되었습니다. 아내는 외도에 대해 남편에게 진정한 사과를 했고, 남편은 아내의 사과를 받아들여 진심으로 용서를 했습니다.

이루어지지 않은 첫사랑은 이루어지지 않았기 때문에 더 아름답고 애절합니다. 이루어지지 않은 첫사랑은 저 기억 너머에 그냥 고이고이 넣어두고 내버려 두세요. 첫사랑은 첫사랑으로만 명명(命名)될 때 가장 아름답습니다.

어머니의 눈물

1980년생 그는 오랫동안 홀어머니를 모시고 살던 성실하고 착한 아들이었습니다. 그런 아들이 아내 없이 혼자 지내는 것이 내내 마음에 걸렸던 노모는 한국으로 시집와 잘 정착하여 살고 있던 이웃집 베트남 여자가 1997년생인 자기 조카를 소개시켜주겠다는 말에 귀가 솔깃해졌습니다.

베트남 여자와 결혼하려면 지참금과 패물이 필요하다고 하여 지참금 2,000만 원과 패물 500만 원어치를 가지고 노모와 아들, 노모의 여동생이 2019년 따뜻한 5월의 어느 날에 결혼식을 하기 위해 베트남행 비행기에 몸을 실었습니다.

꿈같은 일주일을 보낸 그는 신부가 비자가 없어 한국에 입국할 수 없음을 알게 되었습니다. 결혼이민비자(F-6)는 한국어능력시험

(TOPIK) 1급에 통과해야만 발급되는데, 신부가 한국어능력시험을 통과하지 못했기 때문입니다. 할 수 없이 그는 혼자 한국으로 돌아와 혼인신고를 마친 후 그녀가 얼른 시험을 통과하여 한국으로 오기를 오매불망 기다렸습니다. 한국으로 귀국하던 날 신부에게 학원비로 200만 원을 지급하고는 빨리 시험 합격해서 만나자며 얼싸안았던 그 온기를 기억하며 하루하루를 살아갔습니다.

몸은 떨어져 있지만, 그들 부부는 매일 서로 메신저로 연락을 주고받았습니다.

그가 '사랑해요'라고 메시지를 보내면 신부는 예쁜 하트 이모티콘과 함께 '너 아직 저녁 먹었니?'라며 사랑스런 답장을 보냈습니다. 그가 '공부하고 있습니까?'라고 메시지를 보내면 '네. 너무 어려워요. 지금 어떻게 해야 해요? 여보, 도와주세요'라며 애정 어린 투정을 부립니다.

신부가 '왜 당신은 나를 사랑합니까?'라고 질문하자 그는 '아내이니까'라고 답합니다. 그들은 몸은 멀리 떨어져 있었지만, 마음만은 서로를 아끼는 신혼부부였습니다.

그러나 그녀가 한국어능력시험에 합격하지 못하고, 코로나가 겹치면서 한국으로 들어오지 못하는 상황이 되었습니다. 그는 2020년 어렵게 베트남으로 가 너무나 그리웠던 아내를 만나 짧은 시간을 보낸 뒤 다시 그녀를 뒤로한 채 무거운 발걸음을 한국으로 옮겨야 했습니다. 그녀에게 학원비로 200만 원 정도를 지급하고, 빨리 시험 합격해서 한국에서 함께 살자고 굳게 약속도 했습니다.

그러나 코로나 상황은 야속하게도 너무나 길게 이어졌고, 그에 반비례하여 그녀로부터 오는 연락의 횟수는 점점 줄어들기 시작했습니다. 어느 날부턴가 그녀는 남편과의 연락을 점점 피하기 시작하더니 2021년 기존에 연락을 주고받던 SNS에서 탈퇴해버려 마침내 연락이 두절되고 말았습니다.

우여곡절 끝에 찾아낸 그녀의 다른 SNS 계정을 통해 연락했으나 그녀는 끝끝내 그를 모른 척했습니다. 'sorry who?'

그는 그녀가 자신의 돈을 편취하기 위한 방법으로 사기결혼을 했다는 생각에 소송을 제기했습니다. 끝내 자신을 모른 척했던 그녀와의 혼인을 무효로 만들어달라고 합니다. 무효가 아니면 취소라도 시켜주고 그것도 정 안된다면 이혼판결을 구한다고 합니다.

우리나라 민법은 혼인무효, 혼인취소, 이혼 사유를 법으로 각각 규정하고 있습니다.

먼저, 혼인무효란 민법 제815조에서 규정하고 있는데, 특히 가장 자주 문제가 되는 것이 '당사자 간에 혼인의 합의가 없을 때'의 경우입니다. '당사자 간에 혼인의 합의가 없는 때'란 당사자 사이에 사회관념상 부부라고 인정되는 정신적·육체적 결합을 생기게 할 의사의 합치가 없는 경우를 의미합니다. 따라서 어느 한쪽 일방에게만 참다운 부부관계의 설정을 바라는 의사가 있고 상대방에게는 그러한 의사가 없다면, 그 혼인은 당사자 간에 혼인의 합의가 없는 것이어서 무효입니다. 즉 혼인 자체가 성립하지 않은 것입니다.

다음으로, 혼인 취소의 사유는 민법 제816조에서 규정하고 있는데, 이 사건에서 문제될 수 있는 것은 제3호 '사기 또는 강박으로 혼인의 의사를 표시한 때'라 할 수 있습니다. 혼인의 당사자 일방 또는 제3자가 위법한 수단으로 상대방 당사자를 속이고(기망행위), 이로 말미암아 상대방이 혼인의사를 결정하는 데 있어 중대한 영향을 미치는 사항에 관하여 착오에 빠졌으며, 그러한 기망행위가 없었더라면 사회통념상 혼인의 의사표시를 하지 아니하였을 것이라고 인정되는 경우를 말합니다[5].

마지막으로, 재판상 이혼은 민법 제840조에서 그 원인을 규정하고 있는데, 제1호 배우자에 부정한 행위가 있었을 때, 제2호 배우자

5 그런데 우리 헌법 제36조 제1항은 "혼인과 가족생활은 개인의 존엄과 양성의 평등으로 기초로 성립되고 유지되어야 하며, 국가를 이를 보장한다."고 규정하여 혼인을 제도적으로 보장하고 있고, 민법 제816조는 혼인의 취소사유를 개별적으로 열거하는 한편, 법원의 재판으로만 혼인을 취소할 수 있다고 규정하고 있습니다. 또한, 혼인이 취소되더라도 재산상 법률관계의 경우와는 달리 당사자들의 생활관계가 혼인성립 전의 상태로 돌아가기 어렵고, 민법도 혼인의 무효와 취소를 구별하면서(제815조, 제816조), 혼인의 효력이 아예 발생하지 아니하는 혼인무효와 달리 혼인취소의 효력은 기왕에 소급하지 아니한다고 규정하고 있습니다(제824조). 그리고 혼인취소와 별도로 혼인을 계속하기 어려운 경우에는 협의상 이혼 또는 재판상 이혼을 통해 혼인을 해소할 수 있도록 하고 있는 점 등을 종합하여 보면, 혼인의 취소는 혼인의 효력이 발생하였음에도 불구하고 혼인성립 당시의 사유를 들어 이제라도 혼인의 효력을 상실시켜야 하는 불가피한 사정이 있는 경우에만 제한적으로 인정(대법원 2016. 2. 18. 선고 2015므654, 661 판결 등 참조)되므로 혼인취소가 되는 경우는 아주 한정적입니다.

가 악의로 다른 일방을 유기한 때, 제3호 배우자 또는 그 직계존속으로부터 심히 부당한 대우를 받았을 때, 제4호 자기의 직계존속이 배우자로부터 심히 부당한 대우를 받았을 때, 제5호 배우자의 생사가 3년 이상 분명하지 아니한 때, 제6호 기타 혼인을 계속하기 어려운 중대한 사유가 있을 때입니다.

이 사건에서 그와 그녀는 진정한 부부가 될 의사가 혼인 당시에 충분히 있어 보였습니다. 즉 그녀가 그를 속이고 결혼을 한 것으로 보이지 않았습니다. 다만, 혼인 이후에 코로나가 길어지고 시험 합격도 하지 못하면서 서로를 만나지 못하는 시간이 길어지니 여자는 아내로서의 관계에서 벗어나고 싶어진 것뿐입니다. 결국 그녀는 아내로서의 신의를 저버리고 잠적했으며, 어렵게 자신을 찾아낸 남편을 끝끝내 모른 척해버렸습니다. 혼인을 계속하기 어려운 중대한 사유가 있는 경우로, 민법 제840조에서 정한 이혼사유(제6호)에 의해 이혼판결을 하면 될 만한 사건이었습니다.

남편이 소송을 시작하자 아내를 소개시켜주었던 베트남 여자가 자신에게 3,000만 원을 주면 아내를 찾게 해주겠다고 제안합니다. 그 제안을 들은 그는 너무나 고심하며 괴로워 죽고 싶다는 메모를 적어놓았는데, 이를 발견한 어머니가 아들에게 더 이상 가망 없는 일에 매달리지 말고 정신 차리라며 호되게 꾸중했습니다.

얼마 뒤 한동네에 살던 베트남 여자마저도 어디로 이사를 갔는지

홀연히 사라졌고, 그는 술로 나날을 보내다 2022년 12월 초순 가출해 버렸습니다. 그리고 닷새 후에 그는 인적이 드문 시골 어느 도로에서 착화탄을 피워 사망한 채로 발견되었습니다.

그의 노모는 베트남 아내에게 연락하기 위해서 이리저리 수소문했으나, 끝내 소식이 닿지 않자 할 수 없이 그의 장례를 치렀습니다.

아들의 소송을 이어받아 소송수계인이 된 어머니가 법정에 나와 눈물을 흘리고 가슴을 치며 말을 합니다.

"다 내 잘못입니더. 다 내 잘못이라예. 내가 가(그 애)를 억지로 베트남 여자캉 결혼시켜가꼬 가가 그래 세상을 등졌는기라예. 나도 가 따라서 그만 죽고 싶습니다. 판사님예."

주름진 어머니의 손등 위로 떨어지던 눈물방울의 무게에 내 가슴이 짓눌렸습니다.

어머니 당신의 잘못이 아니라고 위로하는 판사에게 노모는 울부짖습니다.

"판사님, 그라믄예 우리 아들 혼인무효로 만들어 주이소. 죽은 놈 원이라도 없게 그래 해주이소. 세상 마지막 떠나는 길에 코빼기도 안 비치는 그게 우예 마누라입니꺼. 이 결혼은 무효아입니꺼."

가슴이 점점 답답해집니다. 이 사건은 이혼판결을 해야 하는 사건입니다. 그런데 당사자가 죽어버리면 이혼사건은 그대로 끝이 나고 (이혼판결을 할 수 없고), 혼인관계는 그대로 남아 있게 됩니다. 혼인취소도 장래적으로 효력이 있기 때문에 이 사건에서 혼인취소를 하는 것은 큰 의미가 없습니다. 왜냐하면 아들이 남겨놓은 보험금 등 상속재산을 처리해야 하는데, 혼인취소를 하게 되면 여전히 법률상 아내였던 그녀의 존재가 문제가 됩니다.

이 사건은 혼인무효 판결을 받아야지만 노모가 아들이 이 땅에서 살다 남기고 간 여러 가지 법적 문제들을 수월히 해결할 수가 있는 것입니다.

혼인무효 사유가 없는 이 혼인무효소송은 법리적으로는 기각판결을 해야 합니다. 그런데 판결문을 작성하면서 이 기가 막히는 기각판결이 누구를 위한 판결일까 심히 갈등했습니다. 베트남의 그녀는 끝까지 그를 외면하며 그와의 관계를 단절했고 이제는 그의 죽음조차 모르고 있습니다. 고인의 아내로서의 지위를 유지한다는 것이 고인의 남은 가족들에게는 너무나 큰 상처가 됩니다. 법정에서 차라리 내가 죽었으면 좋겠다고 울부짖는 저 노모의 눈물을 어찌 외면할 수 있을까요.

법리와 구체적 타당성을 두고 이틀여를 고민하다 마음의 결단을 내리게 되었습니다. AI 판사였다면 고민도 없이 법리대로 기각판결을 했겠지만, 나는 AI가 아니지 않은가.

법대 아래에서 가슴 치며 울고 있는 노모의 눈물을 미약하나마 판결로라도 위로해주고 싶었습니다.

주 문

망 ***과 피고 사이에 2019. 6. 10. 부산광역시 **구청장에게 신고하여 한 혼인은 무효임을 확인한다.

아내의 존재가 사라진 아들에게 이제 어머니가 유일한 상속인이 되었습니다. 노모의 메마른 손에 쥐어진 법리에 어긋난 나의 판결이 아들이 남겨두고 간 이 땅에서의 흔적들을 마무리 짓는 일에 조금이나마 도움이 되기를, 노모의 마음에 있는 죄책감이 조금은 덜어졌기를 기도합니다.

자녀를 재판에 이용하지 마세요

부부는 유흥주점에서 도우미와 웨이터로 처음 만나 자녀를 낳고 살았습니다. 아내는 잦은 가출과 유흥업소 출입, 성매매를 했고 남편은 폭언, 폭행을 일삼았습니다. 결국 아내는 집을 나가 이혼소송을 제기했고, 집에는 9살 아들, 6살 딸 남매가 남았습니다.

재판 준비를 위해 기록을 검토하던 중 남편이 증거로 제출한 동영상을 켰습니다. 착하고 순하게 생긴 내복 바람의 남매가 보입니다. 분노에 찬 아빠는 법원에 증거로 내놓기 위해 남매를 앉혀놓고 동영상을 촬영했겠지요.

아빠: 엄마가 새벽에 너희들을 재워놓고 밖에 나간 적이 있어?

아들: (뭔가 생각하며 머뭇거린다. 왠지 느낌상 엄마를 보호해주고 싶어 하는

것 같았다)

딸: (오빠가 머뭇거리자 천진난만한 표정으로 얼른) 응 다섯 번 정도.

아들: (황급히) 대!략! 다섯 번 정도.

아빠: 엄마가 너희 재워놓고 어디 갔다고 생각해? 새벽에 나가서 뭘 했다고 생각해?

아이들: 우리는 모르지.

아빠: 이제 엄마가 너희를 버리고 나갔는데 너희는 알고 있어?

아들: 알고 있어.

딸: 나는 몰랐는데… 오빠는 어떻게 알았어?

아들: 나는 눈치가 있으니까 척 보면 알지….

딸: 문 여는 소리를 들었어?

아들: 아니. 척 보면 알아….(아이의 눈가와 입가가 미세하게 실룩인다. 터져 나오려는 울음을 가까스로 참으려는 듯이)

아빠: 너희들 버리고 도망간 엄마에 대해 어떻게 생각해?

아들: 우리를 낳아놨는데, 갑자기 버리고 갔다고 하면 좀 나쁘지.

딸: 엄마는 우리 태어나게 해줬는데 도망갔어.

아빠: 그래서 어떻게 생각해?

딸: 나쁘지….

아빠: 이제는 어떻게 해야 될 것 같애?

동영상은 이렇게 끝맺습니다.

끊겨져 버린 그 영상 말미에서 아이들은 어떤 대답을 했을까. 영상을 보면서 너무나 괴로웠습니다. 이것은 명백한 정서적 아동학대 행위입니다. 애써 차분한 목소리로 아이들에게 묻는 듯하지만, 모니터에 보이지 않는 아빠의 분노에 찬 눈빛이 모니터 저 뒤쪽에서 마치 나를 노려보는 듯한 느낌에 등골이 서늘했습니다. 아들은 엄마가 새벽에 나간 적이 있냐란 아빠의 물음에 왜 '대략'이란 표현을 그렇게 강조하면서 말했을까.

5번 정도까지는 아니라는 것을 강조하여 엄마에게 좀 더 나은 상황을 만들어 주려고 하는 아이의 애처로운 노력이었을 겁니다. 어린 것의 그 애틋한 마음이 느껴져 바라보던 컴퓨터 모니터가 흐려졌습니다. 아빠는 아이들의 그런 모습을 왜 보지 못하는 것일까요. 아이와 아무 상관 없는 제3자인 내가 보아도 아이들이 처절하게 상처받는 모습이 너무나 완연하게 보이는데 말입니다.

이혼소송에서는 상대방에 대한 분노 때문에, 자신의 감정에 휩싸여 자녀들을 전혀 보호하지 못하는 부모의 모습을 많이 봅니다. 성인도 연인으로부터 버림받으면 그 실연의 아픔에 고통스러워하고 회복하기까지 오랜 시간이 걸리지 않습니까. 하물며 그 연약하고 보드라운 영혼의 아이들에게 엄마가 너희를 버리고 도망갔다고 하는 말이 얼마나 큰 충격이고 상처가 될 것인지를 왜, 도대체 왜 생각하지 못하는 것일까요.

술 따르고 2차를 나간 행위는 아내로서 비난받아 마땅하나, 그것을 이유로 헤어지면서 아이들에게 엄마가 너희를 버리고 도망갔다고 말하는 것은 아이들의 영혼을 파멸케 하는 짓입니다. 부모는 자신의 행동이 아이들에게 어떤 상처를 주는지 모르고 있습니다.

재판을 진행하면서 자녀들(특히 미성년 자녀들)을 증인으로 신청하겠다고 하면, 절대 받아주지 않고 있습니다. 어린 자녀들의 진술서를 증거라고 제출하는 경우에도 증거가치를 인정하지 않고 있으며, 다음부터는 아이들로부터 작위적으로 만든 어떠한 형태의 증거든 절대 제출하지 말 것을 강력하게 권고합니다. 오히려 재판장에게 좋지 않은 인상을 심어줄 가능성이 높다고 고지하면서 말입니다.

부부 사이에 갈등이 있을 때, 자녀들은 자신들의 의지와는 무관하게 부모의 갈등에 함께 휩싸이게 됩니다. 그러면 자녀들은 어릴 때부터 애착관계가 형성된 쪽의 편을 들게 되는데, 그 대부분은 엄마인 경우가 많습니다. 그런데 이 사건처럼 자신의 전부와 같았던 엄마가 자신들을 버리고 집을 나갔다고 진정으로 느끼는 순간, 버림받았다는 분노가 그 자녀의 인생을 뒤바꿉니다. 그리고 자기들을 현재 키워주고 있는 아빠마저 자신들을 버릴지도 모른다는 불안감으로 아빠에게 충성하게 됩니다.

아이들은 엄마가 자신들을 버리고 갔다는 아빠의 말을 처음에는 믿고 싶어 하지 않습니다. 엄마가 곧 돌아올 것이라고 마음속 깊이 기대하고 있고 밤마다 기도하면서 잠이 들 겁니다. 그러나 엄마가 자신들을 보러 오지 않고(심각한 부부갈등이 있는 경우 자녀를 양육하는 쪽이 상대방과 아이를 철저하게 차단시켜 버리거나 상대방이 아예 자녀를 보러오지 않는 등 면접교섭이 잘 이루어지지 않는 경우가 대부분입니다) 그러면서 아이들은 이제는 정말로 엄마가 자신들을 버렸다고 내면화하게 되면서, 마침내 아이들 스스로 면접교섭을 극렬하게 거부하는 지경에 이르게 됩니다. 이로써 남편의 아내 벌주기는 성공적으로 마무리되나, 자녀들의 영혼은 바닥까지 떨어져 서서히 죽어가는 것을 눈먼 아빠는 보질 못합니다.

반대로 엄마가 아이를 데리고 있다면, 엄마의 남편에 대한 분노가 아이에게 그대로 전이되어 아이도 엄마처럼 아빠를 미워하게 됩니다. 아빠가 엄마와 부부싸움을 하면서 질렀넌 고함이 마치 자신에게 한 것처럼 기억을 하며 아빠를 극도로 무서워하면서 피하게 됩니다. 엄마는 아이들에게 아빠는 무서운 사람이라고 계속 각인시킵니다. 역시 아이는 아빠 만나기를 극구 거부하고, 결국에는 면접교섭을 거부하면서 아빠가 무서워서 절대 보고 싶지 않다고 이야기합니다.

아이들에게 이런 몹쓸 짓은 하지 말아야 합니다. 아이들에게 다른 한쪽 부모에 대한 절대적인 거부감과 분노감이 생긴 것은, 아이들의 정서가 병들어 가고 있는 심각한 신호임을 인지해야 합니다. 그런데 이혼 진행 중에 있는 부모들은 자신의 힘든 상황에만 함몰된 나머지 자녀의 영혼이 아파하며 소리 없이 울부짖는 것을, 그러다 서서히 죽어가는 것을 전혀 알아차리지 못합니다.

아이들이 면접교섭을 거부하는 그 상황을 이용하면서 상대방에 대한 보복감을 느끼기도 하고, 그것이 당연한 것인 양 여기며 소송에서의 승리만을 위해 전진합니다. 아이는 상대방과 단절시키기만 하면 저절로 잘 회복될 거라고, 그렇게 시간만 지나면 괜찮을 거라고 믿으며 말입니다.

자녀를 재판에 이용하지 마세요. 자녀는 재판에서 이기기 위해 사용되는 도구가 아닙니다. 상대방에 대한 분노감 해소를 위해 소모되어야 하는 물건이 아닙니다.

아이들은 말합니다. 우리는 친구들과 싸우면 곧 화해하고 다시 사이좋게 잘 지내는데, 엄마 아빠는 왜 저렇게 서로 욕하면서 계속 싸우는지 모르겠다고요.

양육권을 치열하게 다투는 사건의 경우에는 양육환경조사를 하게 됩니다. 누가 자녀를 양육하는 것이 자녀에게 더 적합한가를 가사조사관을 통해 심도 있게, 그리고 다방면으로 조사하게 되는 것이지요.

이때 부모뿐만 아니라 자녀의 의견도 청취합니다. 엄마 아빠로 인해 법원에 나와 이런저런 이야기를 나누는 아이들은, 처음엔 바람나서 우리를 버린 엄마를 결코 보고 싶지 않다고 합니다. 자기들도 커서 알건 다 알고 아빠가 다 알려줬다고 합니다. 심지어 상간자 소송의 판결문을 아이들에게 보여주는 아빠도 있습니다. 니네 엄마가 이런 여자라고요. 아이들도 알건 알아야 한다는 말도 안 되는 명분을 대면서 말입니다.

아이들은 나를 버린 엄마, 다른 남자가 좋다고 떠나간 엄마를 원망하고 절대 만나고 싶지 않다고 말합니다. 그러나 당사자들과 대리인들은 확인할 수 없는, 오직 재판장만 볼 수 있는 (열람제한) 보고서에는 아이들의 진심이 나옵니다.

"이건 절대 아빠한텐 비밀로 해주세요. 사실은 엄마가 너무 보고 싶어요. 어젯밤 꿈에서도 만났어요. 그렇지만 나마저 엄마와 살겠다고 하면 아빠가 너무 불쌍하고 힘들어할 테니까 아빠랑 살게요. 당분간 엄마를 만나지 않아도 괜찮아요. 나는 엄마를 이해할 수 있어요. 아빠가 엄마한테 소리를 많이 질렀거든요. 아빠 말고 다른 남자를 사랑하는 건 정말 잘못된 것이지만, 난 엄마를 용서할 수 있어요. 그렇지만 지금은 아빠를 위해서 참아야 해요. 이 비밀은 꼭 아빠한테 알려지지 않게 지켜주세요."

아이들보다 못한 어른들 때문에 이 아이들에게 너무 미안하고 또 미안했습니다.

아이들의 영상을 보고 난 그날 밤에 아이들의 모습이 내내 머릿속에 맴돌아 쉬이 잠들지 못했습니다. 엄마가 너희를 버리고 도망간 게 아니야. 아빠와 엄마가 같이 살 수가 없어서 헤어지는 거야.

엄마는 너희를 영원히 사랑하는 엄마인 거야라고 속삭이며 모니터 속의 아이들을 보듬어 주고 싶었습니다.

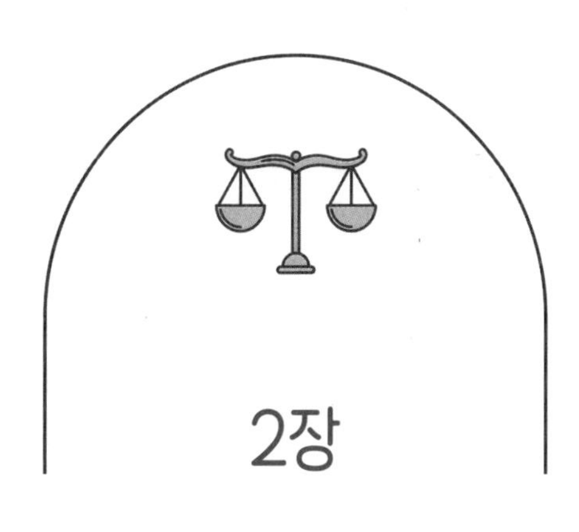

2장

이혼주례

협의이혼실에 함께 온 꼬맹이

매주 월요일에는 협의이혼사건을 진행하고 있습니다. 월별로 약간씩의 차이는 있지만, 평균 130건 정도를 하루에 처리합니다. 이전에는 미성년 자녀가 없는 협의이혼사건의 의사확인도 판사가 직접 했으나, 현재는 미성년 자녀가 있는 사건의 이혼의사확인만 진행하고 있습니다.

첫 사건의 당사자를 호명했습니다.

남편은 61년생이고, 아내는 75년생이었습니다. 그런데 엄마 손을 잡은 2016년생 꼬맹이가 졸졸 따라 들어옵니다. 순진한 눈으로 엄마 무릎에 앉아 나를 또랑또랑 쳐다보는 그 녀석 앞에서 도저히 이혼주례를 진행할 수가 없었습니다.

"민기야~ 안녕? 판사님이 엄마 아빠한테 뭘 좀 물어볼 게 있는데,

민기는 밖에 나가서 좀 기다려 줄 수 있을까?" 물었더니 고개를 끄덕이며 밖으로 나갑니다. 포동포동 귀엽게 살이 오른 8살 꼬맹이의 뒷모습을 바라보고 있으니 심장의 한편이 아릿해져 왔습니다.

남편은 이번이 다섯 번째, 아내는 세 번째 이혼이었습니다. 친권자 및 양육자를 엄마로 하고 양육비는 지급받지 않으며 면접교섭은 자유롭게 실시하겠다고 협의이혼신청서에 기재해 놓았습니다. 가정법원 판사들이 가장 경계해서 보는 협의이혼신청서의 전형입니다. 이혼하면서 양육비 안 주고 안 받는 대신 아이도 안 보여주는 걸로 협의하고서는 이렇게 적어오는 경우가 종종 있기 때문에, 반드시 확인이 필요합니다.

아내에게 왜 양육비를 받지 않는가 물어보았더니 자신이 일을 할 것이기 때문에 양육비를 받지 않아도 된다고 합니다. 남편에게 단도직입적으로 물어보았습니다.

"혹시 양육비 안 주고 자녀를 안 보기로 협의한 거 아닙니까?"

남편은 펄쩍 뛰며 절대 아니라고 손사래를 칩니다. 사실은 아내가 장사를 한다고 여러 차례 이것저것 하면서 현재 빚을 너무 많이 지고 있고, 자신은 나이가 많아 정기적인 수입을 얻을 수 없어 양육비를 딱히 정하여 지급할 수 없는 형편이지만, 돈을 조금이라도 벌면 버는 대로 아들의 양육비로 사용할 것이라고 조금은 떨리는 듯한 목소리로 말을 합니다. 그리고 아내는 장사한다고 늘 밖으로 돌아다녀서 아들도 어릴 때부터 본인이 다 돌보아 왔고, 앞으로도 아내가 바쁘면 언제든지 자기가 돌볼 생각이기 때문에 면접교섭도 따로 정하지 않은 것이라고 하는 남편의 말에 어느 정도 신뢰가 갔습니다. 옆에 앉은 아내의 눈시울이 붉어집니다.

마지막으로 아이가 엄마 아빠의 이혼사실을 아느냐고 물었더니 알고 있다고 합니다. 밖에 있던 꼬맹이를 들어오게 했습니다. 천진한 꼬맹이는 빨간 볼을 하고서 이혼식장에 들어섭니다.

꼬맹이에게 들어와서 엄마와 아빠의 중간에 서라고 했습니다. 약간 긴장한 듯한 눈빛의 아이를 사이에 두고 조금은 특별한 이혼주례를 하게 되었습니다.

"민기야, 밖에서 씩씩하게 혼자서 잘 기다려줘서 고마워. 이제 초등학교 1학년 형아가 되어서 그런지 엄청 씩씩하구나."

쌍엄지를 치켜세워줬더니, 꼬맹이의 양 입술꼬리가 기분 좋게 씰룩입니다.

"민기야, 이제 엄마 아빠가 따로 살게 되고, 민기는 엄마랑 살게 된다는 것을 알고 있지?"

꼬맹이는 고개를 끄덕입니다.

"판사님이 민기가 밖에 나갔을 때 아빠한테 물어봤더니 아빠가 민기를 너무너무 사랑한대. 엄마 아빠가 헤어져서 산다고 해서 민기를 사랑하지 않는 게 절대 아니야. 민기야~ 알겠니?"

아빠가 민기의 머리를 쓰다듬고 손을 잡습니다.

"이제 민기는 엄마와 살면서 아빠와는 가끔씩 만나게 될 거야. 아빠 만날 때마다 아빠랑 맛있는 것도 많이 먹고 즐겁게 놀고, 아빠한테 '장난감도 많이 사주세요~' 해."

이렇게 말하자 꼬맹이가 환하게 웃으며 세차게 고개를 끄덕입니다. 이혼주례를 마치고 아빠는 허리 숙여 인사를 했습니다.

"민기야~, 안녕~ 잘가~" 하고 손 흔드는 내게 꼬맹이는 손으로 빠이빠이를 하다가 엄마의 손힘에 눌려 고개를 푹 숙였다 얼른 엄마 옷자락을 잡고 사무실을 빠져나갑니다.

다음 사건을 호명하며 이혼주례를 하고 있는데, 옆에 배석하고 있던 계장님이 눈물을 뚝뚝 흘리고 있었습니다. 그녀의 눈물에 안간힘을 쓰며 다잡고 있던 나의 마음도 함께 흔들려 목소리가 떨려왔습니다. 그녀와 내가 같은 마음이었습니다. 민기의 얼굴 위로 집에 있는 그 또래 자녀의 얼굴이 오버랩되며 함께 눈물을 툭 떨구었습니다.

협의이혼의사확인을 하러 오면서 자녀들을 데리고 오는 경우가 가끔씩 있습니다. 이 사건처럼 큰아이는 거의 없고, 대부분은 엄마나 아빠의 품에 안겨서 오는 아기들이 많습니다. 말귀를 잘 알아듣지 못하는 아기라 할지라도 그 아기 앞에서 엄마 아빠의 이혼주례를 한다는 것은 여간 고역스러운 일이 아닙니다. 아기가 이해하지 못함이 분명한데도 나는 의식적으로 아주 작은 소리로 이혼주례를 하곤 합니다. 아기의 귀에 내 목소리가 들리지 않기를 바라면서 말입니다.

협의이혼의사확인을 진행하다 보면 종종 협의이혼 제도는 아동의 복리에 적합하지 않아 미성년 자녀를 둔 부부의 경우는 협의이혼이 아닌 다른 절차로 진행해야 하는 것이 아닌가 하는 생각이 들 때가 종종 있습니다. 자녀가 두 명인데 부모가 자녀를 한 명씩 서로 나누어 키우고, 각자 양육비를 받지 않고 면접교섭도 하지 않겠다고 협의를 해오는 경우들이 그렇습니다.

부모 어느 한쪽이 자녀 두 명을 다 키우기에는 너무 부담스럽고 상대방 역시 양육비를 지급할 형편이 되지 않으니, 그냥 자식 한 명씩 나누어 키우면서 양육비도 서로 주고받지 않고 연락하지 말고 남처럼 살자는 것입니다.

저는 이렇게 합의하여 온 경우에는 협의이혼의사확인을 해주지 않고 있습니다. 반드시 아이들을 분리양육 해야 한다면 재판상 이혼을 통해 양육환경조사를 하고, 그렇게 분리양육 해야만 하는 사정들이 있는지를 재판절차를 통해 확인해보아야 한다고 생각하기 때문입니다.

재판상 이혼에서도 자녀들을 분리양육 하는 형태로 판결하는 경우는 흔치 않습니다. 엄마 아빠가 이혼한다고 해서 형제자매도 헤어져서 살아야 하는 것인가요? 엄마 아빠가 모두 이 세상을 떠나간 이후에 힘들고 각박한 이 세상을 서로 의지하면서 살아갈 수 있었을 그 아이들을 부모가 그저 힘들다는 이유로 단절시키겠다는 생각은 결코 바람직하지 않습니다.

우리가 낳은 자식을 우리가 알아서 나누어 키우겠다는데, 법원에서 왜 참견이냐고 목소리를 높이는 당사자들도 있습니다. 자식을 별개의 인격체로 보지 않고 자신들의 소유물로 보고 있음을 반영하는 전형적인 행태입니다.

어떤 이는 이것이 아이들이 원하는 것이라고도 합니다. 도대체 서너 살밖에 되지 않은 아기들이 '엄마와 아빠가 이혼하니 나는 아빠랑 살래요, 나는 엄마랑 살래요'라는 의사를 어떻게 밝혔다는 것인지…. 그 고귀한 아이들조차도 사물화한 채 그저 본인들이 살고 싶은 대로, 편한 대로 결정해버리는 이기적인 부모들 때문에 마음이 늘 거북합니다.

가정법원 판사들이 항상 하는 말이 있습니다.

"엄마 아빠가 이혼한다고 아이들까지[6] 이혼시켜서 되겠습니까?"

---

6 다만, 아이들이 중학생(상황에 따라서는 초등고학년) 이상이 되면 분리양육으로 협의해 온 경우에 협의이혼 의사확인을 해주기도 합니다. 그 정도 나이 때의 아이들은 스스로 의사표현을 할 수 있는 나이이고, 자신들의 마음에 들지 않으면 법원의 결정 따위에 상관없이 법으로 정해진 양육자 아닌 상대방 부모의 집으로 가서 살기도 하니까요. 세상에서 제일 무서운 인류입니다.

가정을 지킬까 자존심을 지킬까

가정적인 남편이었고, 세 딸에게는 세상 둘도 없는 바보 아빠였습니다. 남편은 개업의로서 실력도 좋아 환자가 늘 문전성시를 이루었습니다. 공무원인 아내는 전형적인 현모양처로 남편과 아이들을 따뜻하게 잘 돌보는 사랑스러운 여인이었고, 자녀들은 반듯하게 생활하며 공부를 아주 잘하는 모범생들이었습니다. 누가 보아도 부러워할 가정이었습니다. 그렇게 행복하게 잘 살았습니다… 라고 끝맺으면 좋으련만, 언제나 그러하듯 예상치 못한 사건 하나가 일어납니다.

어느 날 저녁 귀가한 남편이 휴대폰을 분실했다면서, 거실에 있는 컴퓨터를 이용하여 자신의 휴대폰과 연동된 구글 계정을 이용하여 휴대폰을 찾기 시작했습니다. 얼마 지나지 않아 남편은 버스기사로부터 휴대폰을 습득했다는 연락을 받고 휴대폰을 찾으러 집을 나가게 되었습니다.

남편이 급하게 집을 나선 후, 아내는 남편이 사용하던 컴퓨터를 종료하기 위해 마우스를 움직이다 남편이 켜둔 구글홈페이지 및 PC 카카오톡 메신저 화면을 발견했고, 남편의 PC 카카오톡 최근 대화창을 보게 되었습니다. 그렇게 이 가정의 판도라 상자도 열렸습니다.

남편은 자신의 병원 간호사와 열애 중이었고, 사랑을 속삭이는 엄청난 양의 카카오톡 메시지가 아내의 눈앞에 거대한 파도처럼 덮쳐왔습니다. 상대방 간호사 역시 유부녀였기에 둘의 금지된 사랑은 더욱 서로의 애간장을 태웁니다. 단지 불륜에 불과할 뿐인 자신들의 사내 비밀연애가 마치 세기의 로맨스나 된 듯 그렇게 애절할 수가 없으며, 온 우주가 도와주어 만나게 된 사랑이라고 온갖 말도 안 되는 의미를 부여하며 시시덕거립니다.

아내에게 불륜을 들킨 남편은 곧바로 정신을 차리고 상간녀와의 관계를 즉시 단절하고는 손이 발이 되도록 싹싹 빌어보지만, 그토록 애절한 둘의 사랑을 확인한 아내는 남편을 결코 용서하고 받아들일 수 없어 결국 이혼소장을 접수했습니다.

남편은 아내의 확고한 이혼의지를 확인한 이후 집을 나가게 되었고, 딸들에게는 엄마 아빠가 이제 함께 살아갈 수 없는 상황이 되었지만 너희들에 대한 사랑과 경제적 지원은 결코 달라지는 것이 없을 것이라는 비장한 내용의 편지를 남기고 떠났습니다.

그런데 재판 준비를 위하여 사건 기록을 검토하는 중에 남편과 상간녀 사이의 카카오톡 내용에서 미묘하게 일관된 흐름이 있는 것을 발견했습니다. 둘이서 사랑을 속삭이기는 하지만 그 결이 약간 달랐습니다. 상간녀는 수시로 그에게 '내 것으로 만들고 싶다', '나만 너를 가지고 싶다'는 취지의 발언을 하나, 남편은 절대 거기에는 호응하지 않고 '우리 사랑이 이렇게 아름다우니 현실을 행복하게 보내자…'는 취지로 에둘러 선을 긋습니다.

그의 속마음은, 딱 내 가정은 지키되 그녀와는 연애만, 그 이상도 그 이하도 아니었습니다. 솔직히 기록을 보다 보니 조금 안타까웠습니다. 아내가 그 카카오톡을 보지 않았더라면 남편은 적당한 시간이 흐른 뒤에 그 속절없는 에로스를 뒤로하고, 자신의 안락하고 사랑스러운 가정으로 반드시 돌아올 것 같은 느낌이 들었기 때문입니다.

결혼한 남자가 아내 이외의 다른 여자와 부정행위를 한 것은 너무나 잘못된 행동임이 분명합니다. 평생 아내에게 속죄하는 마음으로 살아야 하는 큰 잘못입니다. 그것과는 별개로 판사의 눈에 보이는 남편의 속마음(내 가정은 지키되 그녀와는 연애만)이 아내에게는 전혀 보이지가 않는 듯해 안타까웠습니다. 분명 쉽지는 않겠지만 한 번쯤 용서해 주었으면 어땠을까 하는 생각이 들면서 애꿎은 카카오톡이 원망스럽기까지 했습니다.

아빠가 떠나가고 그 사연을 대충 알게 된 딸들은 엄청난 정신적 충격을 받고 정신과 치료를 받는 지경에 이르렀습니다. 자신이 어떻게 하더라도 아내가 결코 마음을 돌이키지 않으리라고 생각한 남편은, 이런 사실을 알고 자신의 남편을 버리고 온 상간녀와 결국 함께 살게 되었습니다.

이 사건을 보면서 결국 상간녀가 최종 승리자가 되었구나, 하는 씁쓸한 생각을 지울 수가 없었습니다. 이제 상간녀는 빨리 자녀를 하나 낳으려고 애쓰겠지. 전처와 사이에 딸만 있으니 아마도 아들을 낳고 싶어 할 거야. 그래야 시댁에서도 인정받기 쉬울 테니 말이야. 그렇게 시간이 지나 그의 이혼이 마무리되면 즉시 혼인신고하고 아들 하나 낳아서 출생신고하고 나면 마치 자신이 원래의 안주인이었던 것마냥 거들먹거리며 살아가겠지…라는 구태의연한 시나리오를 혼자 쓰고 있는 나 자신을 발견하고는 실소를 터뜨립니다.

그즈음 법륜스님의 『스님의 주례사』라는 책을 읽었습니다. 저는 크리스천이지만, 법륜스님의 혜안과 지혜의 말씀들이 좋아서 종종 설법을 듣곤 했었는데, 우연한 기회에 이 책의 존재를 알게 되어 구매하여 읽게 되었습니다.

그런데 책을 읽던 중 딱 이 사건에서 느낀 감정과 비슷한 내용[7]이 있어서 크게 공감이 되었습니다.

---

7 법륜스님의 위 책 중 '남편을 원수로 만드는 의심' 부분

간호사와 바람을 피우고 있다고 의심하던 부인은 남편 바지 주머니에서 나온 연극표 두 장을 보고 이혼을 요구했고, 그동안 하도 의심을 받아온 남편은 지쳤는지 더 이상 변명하지도 않고 어쩔 수 없이 시인을 하면서 그러자 해버렸습니다. 전날 그렇게 화기애애한 모습으로 절을 찾아온 부부가 그다음 날 발견한 연극표 두 장 때문에 한순간에 남남이 되어 버렸습니다.

법륜스님은 이 부인이 깨달음을 얻을 수 있는 좋은 기회를 놓쳤다고 합니다. 이어서 원효대사의 해골물 이야기가 나오는데, 전날 밤 목이 말라 달게 마신 바가지 물이 해골에 담긴 것이었다는 것을 알게 된 아침에 원효대사는 구역질을 하면서 깨달음을 얻습니다. 어제 저녁에 먹은 물과 오늘 아침에 본 물이 다르지 않고, 어제 든 바가지와 지금 본 바가지가 다르지 않은데, 어제 저녁에는 그토록 달콤했던 게 왜 오늘은 구역질이 나는가?

더럽고 깨끗한 것이 물이나 바가지에 있는 게 아니라 바로 우리 마음에 있다는 것.

연극표를 발견하기 전에는 내 남편이었는데, 연극표를 본 순간 원수. 남편은 어제나 오늘이나 그대로인데 남편을 바라보는 부인의 마음이 바뀐 것이지요. 바람피우기 전이나 바람피우고 난 후나 같은 남자인데, 단지 그 남자를 바라보는 내 눈이, 내 마음이 달라져서 남편을 원수로 보게 된 것입니다.

원인의 결과가 나에게 달려 있고 내 인생의 운명이 내 손에 쥐어져 있는 것이지 남(편) 탓할 것 없는 것이니, 이걸 안다면 내 인생의 주인으로서 얼마든지 행복해질 수 있음을 강조하며 내용이 마무리됩니다.

여자이자 아내의 입장에서는 심정적으로 스님의 말씀에 100% 동감할 수 없었지만, 판사의 입장으로서는 내가 다룬 이런 류의 사건들을 반추해 보면 법륜스님의 말씀이 상당 부분 공감되었습니다.

카카오톡 내용을 알기 전과 알고 난 이후의 남편은 다른 사람이 아닌데, 그 증거 하나로 모든 이들이 부러워하던 그 따스하던 가정은 풍비박산이 나버렸습니다. 어쩌면 남편의 그런 이중적인 모습에 아내는 더 큰 실망과 상실감을 느꼈을 터이고, 그렇기 때문에 남편을 도저히 받아들일 수 없었을 게지요. 솔직히 내가 같은 상황에 직면했다 하더라도 그 아내와 다른 결정을 할 것이라고 장담을 못 하겠습니다. 대다수의 아내들 역시 그녀와 같은 반응이지 않을까요?

그런데 내가 이혼소송의 재판장으로서 이 사건을 바라보니, 남편의 불륜은 잠시 스쳐 지나갈 것으로 예상되는 자그마한 파고와 같았고, 그의 마음 깊은 곳에는 반드시 지키고 싶은 아내와 자녀들, 자신의 가정에 대한 의리(이 상황에서 표현이 적절하지 않아 보이기는 합니다만)가 엿보였습니다.

자신에게 일어난 이 치욕적인 일들을 제3자로서 객관적으로 떨어져 볼 수 있는 깨달음이 우리에게 있다면 얼마나 좋을까요.

그러나 솔직히 한편으론 남편이 이혼이 된 이후에도 끝까지 상간녀를 거부하고 아내에게 자신의 잘못을 한결같이 사과하고 자녀들의 아빠로서 충실한 역할을 해주었다면, 아내도 결국은 진심으로 용서하고 다시 재결합할 수 있었을 텐데 하는 아쉬운 생각을 지울 수 없었습니다. 그런데 이런 생각을 마치 읽고 있는 듯 법륜스님은 또 한 번 뼈를 때립니다.

만약 여러분이 지금 불행하면 그것은 바로 나 자신이 만든 것입니다. 저 인간이 만들어야 하는데 내가 만드는 거라니까 억울하죠? 문제는 저 인간 때문에 내가 괴롭다고 생각하면 저 인간이 바뀌어야 행복해진다는 거예요. 그런데 저 인간이 바뀔까요? 자신을 바꾸기도 어려워서 못 고치는데, 어떻게 저 인간을 고쳐요? 바꾸기 어려운 것을 바꿔야만 내가 행복하다고 착각하며 살기 때문에 행복할 수가 없다는 거예요. 그런데 이 행복은 남편이 만드는 게 아니라 내가 만드는 거예요. 그러면 나만 바꾸면 돼요. 물론 그게 쉬운 일은 아닙니다. 그래도 저 인간을 바꾸는 것보다는 내가 바뀌는 게 훨씬 쉽다고요.

-『스님의 주례사』(휴)

오랜 시간 수많은 이혼사건을 담당해온 판사로서 보아도, 20년간 한 남자와 살아온 아내로서 보아도, 이리 보아도 저리 보아도, 인생사(人生史)는 참으로 어렵습니다. 저 인간을 바꾸는 것보다 내가 바뀌는 게 훨씬 쉽다는 것이 머리로는 이해가 되지만, 가슴으로 받아들이기가 말입니다. 가슴으로 받아들이기만 하면 행복해진다는 말씀이 참으로 이해가 되지만, 가슴이 자꾸 밀어내기만 하니 답답한 노릇입니다.

그런데 말입니다. 다른 건 몰라도 적어도 상간녀가 최종 승리자가 되지는 않았으면 정말 좋겠습니다.

고딩엄빠 이야기

1. 아내의 이야기

어린 시절 아버지가 불의의 교통사고를 당해 오랜 기간 병원 신세를 지게 되자, 저는 막내이모 집에서 생활하게 되었습니다. 그때 제 나이가 8살이었는데, 그곳에서 저는 막내이모부로부터 성폭행을 당하게 되었습니다. 아버지의 사고로 말 못 할 어려움을 겪는 어머니에게 차마 그 이야기를 할 수 없어, 홀로 외로움과 수모를 참고 견뎌야 했습니다.

아버지의 회복을 기도하며 모든 수치를 참고 견뎠으나 아버지는 제가 14세가 되던 해에 결국 사망했고, 저는 마음속에 품었던 모든 희망의 끈을 놓아 버리고 가족들에 대한 마음의 문을 닫아버렸습니다. 그러던 중 온라인을 통해 2살 연상의 남자친구를 만나게 되었습니다. 그렇게 14살, 16살 우리들의 연애가 시작되었습니다.

저는 곧 집을 나와 그와 동거를 시작했습니다. 어린 나이부터 그를 만나 교제를 시작했던 저는 정상적인 연애관이나 가치관을 확립할 시간이 없었고, 그는 제 가족들에 대한 상처를 교묘히 악용하여 저와 친하게 교류했던 모든 사람을 나쁜 사람으로 몰아세우며 저의 대인관계를 좁혀 갔으며, 자기만을 신뢰하고 따르도록 가스라이팅을 했습니다. 그로 인해 저는 어머니와의 관계 마저도 소원하게 되는 지경에 이르렀습니다.

곧 아이가 생겼습니다. 그는 아기를 낙태할 것을 요구했지만, 정작 임신중절을 위한 수술비조차 마련하지 못했습니다. 저는 뱃속의 생명을 도저히 외면할 수 없었고 그렇게 보석 같은 내 딸이 이 세상에 태어났습니다. 아기의 출생신고를 위해 우리는 혼인신고를 했습니다.

100kg이 넘는 거구였던 그는 병역기피를 위하여 살을 더욱 찌웠고, 자신의 게임레벨을 올려야 한다며 억지로 저를 PC방으로 끌고 가 게임을 하게 했습니다. 그리고는 자신은 몸이 좋지 않아 돈을 벌 수 없으니 저에게 생활비를 마련해 오라고 강요했습니다. 제가 생계를 유지하기 위해 일하러 나갈 때에도 남편은 게임에만 열중할 뿐, 아기를 제대로 돌보지 않았습니다. 게임숙제를 빨리 해야 하는데 아기가 울면서 잠을 자지 않자 불같이 화를 내며 아기를 향해 소리를 지르기도 했습니다.

그러던 어느 날 제가 회사에 출근한 사이 아기의 등에 화상으로 추정되는 상처가 생겼습니다. 담배를 피우는 남편이 고의 또는 부주의로 낸 상처임이 분명했습니다. 아이를 병원에 데리고 갔더니 병원에서 저희 부부를 아동학대로 신고를 하여 조사를 받았습니다. 결국 내 아기는 지금 보호기관에서 돌보고 있습니다.

저는 이제 더 이상 남편과 함께 살고 싶지 않아 집을 나왔습니다. 이혼하고 싶습니다.

2. 남편의 이야기

저는 16살이던 해에 온라인 게임을 통해서 아내를 처음 알게 되었습니다. 아내는 어린 시절부터 이모 집에서 살게 되었고, 이모부로부터 성폭행을 당해 임신까지 한 후 낙태했다고 말했습니다. 그런 그녀가 너무나 안쓰럽고 애처로워 저는 무슨 일이 있어도 그녀를 지켜주어야겠다고 결심했습니다.

동거 중 그녀가 임신을 했는데, 그녀는 인터넷으로 불법적인 낙태약을 구해 그것으로 중절하겠다고 했습니다. 저는 그 약이 너무나 위험한 것이라는 생각에 극구 만류했습니다. 그러다 우리들의 상황에서 아기를 낳아 키우는 것이 현실적으로는 불가능하다는 생각이 들어 결국에는 아내에게 중절수술을 제안했습니다. 그런데 얼마 후 그녀는 갑자기 태도를 바꾸어 아이를 낳겠다고 했고, 저 역시도 아기를 받아들이고 그녀와 혼인을 결심하게 되었습니다.

고등학교 졸업 이후 아내와 아기의 생계를 위하여 극한 노동을 이어가던 중 다리와 무릎의 상태가 악화되어 여러 차례 수술을 받게 되었고, 이로 인해 건강이 전반적으로 쇠약해졌습니다. 이런 사유로 신검에서 4급 판정을 받게 된 것이지, 군복무를 회피하기 위하여 고의로 살을 찌운 사실이 없습니다.

몸이 어느 정도 회복된 후 일자리를 찾으려 노력했으나, 이미 너무나 악화된 몸 상태와 군미필이란 이유로 제대로 된 직장을 구하지 못했습니다. 할 수 없이 제 명의로 거액의 대출을 받아 생활비에 충당했습니다.

저는 아기를 학대한 사실이 결코 없습니다. 아내가 출근한 이후 아기가 더울까 봐 염려되어 침실에 선풍기를 틀어놓고 수시로 환기하며 딸을 극진히 보살폈습니다. 그러던 어느 날 아기의 등에서 화상을 발견하여 곧바로 아내에게 연락을 한 뒤에 병원에 가서 진료를 받았습니다. 아기의 상처는 등에 고인 땀으로 인한 염증으로, 우리 부부의 부주의와 미숙함으로 인하여 오랜 시간에 걸쳐 생긴 것임이 밝혀졌습니다. 우리는 너무 어리고 미숙했습니다.

그리고 저는 아내를 결코 가스라이팅 한 사실이 없습니다. 오히려 아내는 수차례 외도를 했습니다. 연애와 동거, 그리고 혼인생활까지 지난 10년 동안 아내는 수차례 외도했고, 저에게 들킬 때마다 용서해달라고 애원했기에 저는 아내를 매정하게 뿌리치지 못하고 결국 혼인했습니다.

혼인한 이후에도 저에게 친척이 돌아가셔서 5일장을 지내야 한다며 거짓말을 한 뒤, 상간남과 5박 6일 여행을 다니며 데이트를 즐겼습니다. 지금도 저와 아기를 버리고 나가서 상간남과 함께 살고 있습니다. 그런데 놀라운 것은 상간남도 아내에게 속고 있었습니다. 우연히 연락이 된 상간남과 대화를 나누어 보니 아내는 상간남에게 저를 전전(前前) 남친으로 속이고 있었고, 딸을 이모의 아이라고 거짓말을 했습니다.

결국 아내와 저는 협의이혼 하기로 했는데 무슨 이유인지 아내는 갑자기 협의이혼을 회피하며 심지어 저를 스토커로 몰아가면서 경찰서에 신고했습니다. 도대체 저의 잘못이 무엇입니까?

3. 판사의 이야기

처음 아내의 소장을 읽었을 때는 아직 너무나 어린 그녀의 인생이 측은했고 안타까웠습니다. 남편에 대한 분노가 일었습니다. 얼마 후 접수된 남편의 반소장을 읽고는 뒤통수를 얻어맞은 듯 멍했습니다. 그 애처롭던 아내는 피해자 코스프레를 하는 악녀였기 때문입니다.

비단 이 사건뿐만 아니라 대부분의 이혼소송을 진행하다 보면 무엇이 진실인지 헷갈릴 때가 많습니다. 아내의 서면을 읽으면 남편은 차마 입으로 형언할 수 없는 패악질을 해대는 세상 둘도 없는 몹쓸 인간입니다. 반대로 남편의 서면을 읽으면 악해도 이런 악한 여자는 세상 그 어디에도 없을 것 같습니다. 양쪽 모두 같은 날 같은 장소에서 일어난 일을 설명하면서 서로 상대방의 잘못이라고 어쩜 그렇게 일목요연하게 설명하는지 참 희한합니다.

처음 가정법원에 와서 이혼소송 몇 건을 진행하고 났더니 마음속에 사람에 대한 강력한 불신이 스멀스멀 피어올랐습니다. 둘 중 한쪽은 거짓말을 하는 것이 분명할 텐데, 어쩜 이렇게 둘 다 피를 토할 듯 진실이라고 외쳐대는지….

또 어떻게든 둘 다 그럴듯한 증거를 제출하기까지 하니 참 신기할 따름입니다. 가사사건은 은밀한 가정 안에서 일어나는 일들이기 때문에 객관적인 증거가 드문 경우가 많고, 증거가 있다 해도 그것마저도 서로에게 공유되어져 있는 경우가 많습니다. 그렇기 때문에 가사조사명령과 양육환경조사명령을 통하여 오랜 시간에 걸쳐 당사자를 직접 불러 질문하고 대답을 듣는 조사과정이 필요한 케이스가 많습니다. 조사관이 올린 보고서를 보다 보면 100%까지는 아닐지라도 어느 정도 진실에 가까운 사실들이 정리가 됩니다. 그리고 조사를 받다가 서로 합의가 되어 뜻밖에 조정이 되는 경우도 종종 있습니다.

서로의 말이 너무나 달랐던 이 사건도 가사조사와 양육환경조사를 보냈습니다. 어느 날 조사관으로부터 이 사건이 조정되었다면서 당사자와 함께 판사실로 올라가겠다는 연락이 왔습니다. 조정에 대한 기대가 전혀 없었던 사건이었던터라 내심 놀라우면서도 반가웠습니다.

이 어린 고딩엄빠는 도대체 어떤 모습의 사람들일까 궁금했습니다. 아내는 야한 옷을 입고 화려한 염색머리와 짙은 화장을 한 철없는 여자, 남편은 뺀질뺀질한 얼굴의 양아치 같은 남자이겠거니 혼자 상상하며 기다리고 있을 찰나, 판사실 문을 삐죽이 열고 들어오는 그들은 24살, 26살의 그저 순진한 옆집 대학생 커플 같은 모습이었습니다. 참 라떼스럽긴 하지만, 내가 첫사랑에 실패하지 않았으면 그만한 자식이 있었을 텐데라는 생각이 들면서 그 아이들을 바라보는 나의 마음에 매지구름 한 조각이 슬그머니 내려앉았습니다.

작성되어 온 조정조항은 그와 그녀가 살아온 힘들었던 인생을 비웃기라도 하듯 아주 평범하고도 일반적인 내용들로 메워져 있었습니다. 다만 남편은 아내에 대한 위자료를 포기하고, 아내는 남편을 스토킹으로 형사고소한 사건에 대해 합의서를 작성해 준다는 항목 정도가 눈에 띄었습니다. 두 사람 앞에서 조정조항 내용을 다시 한 번 확인하고 각자의 서명을 받은 뒤 나의 이혼주례로 이 이혼식도 그렇게 마무리가 될 터였습니다. 아내는 즉시 서명을 했으나, 남편은 별 내용도 없는 서면을 뒤적뒤적 몇 번이나 읽어보고도 선뜻 서명하지 못했습니다.

"***씨, 조정조항에 무슨 문제가 있는가요?"

판사의 물음에 남편은 당황한 기색을 보이며 "아, 아닙니다. 저는 이렇게 갑자기 조정하게 되리라고는 생각을 하지 못하여서요"라며 말끝을 흐립니다.

"이 조정조항 내용에 동의를 못 하는 것인가요?"

"그건 아닌데… 아내와 대화를 하고 싶었던 것인데 이렇게 빨리 끝내게 될 줄은 몰랐습니다."

남편이 고개를 힘없이 떨굽니다. 이 어린 남편이 무엇을 원하는지 정확하게 알 수 없어 가슴이 답답해져왔습니다. 오늘 조정이 성립하면 판결이 확정된 것과 동일한 효력이 발생하는 것이기 때문에 어떠한 이유에서든 내키지 않는다면 서명을 할 수 없는 것임을 설명하고 본인이 하고 싶은 이야기가 있으면 해보라고 했습니다.

그는 이런저런 이야기를 하다가 곧 아내에게 "너는 정말 나한테 미안한 거 없어?"라고 묻습니다. 상간남과 저지른 불륜행위에 대해 그녀의 진정한 사과 한마디를 듣고 싶었던 것 같습니다.

아내의 얼굴이 싸늘하게 굳어지며 얼음장처럼 차가워집니다. 이런… 망했구나 싶었습니다. 경험상 이런 이야기가 나오면 십중팔구는 조정이 틀어질 가능성이 높습니다. 왜냐하면 대부분은 이럴 경우 상대방도 '그러는 너는 나한테 미안한 거 없냐'라는 반응이 나오면서 서로 고성이 오가다 '저는 조정을 못 하겠습니다. 내가 돈을 주는 한이 있더라도 그냥 끝까지 가서 판결받겠습니다. 대법원까지 가겠습니다'로 마무리되기 때문입니다.

이혼소송이야말로 조정으로 마무리되기 가장 적합한 분쟁이지만 조정으로 마무리되기 가장 어려운 분야이기도 합니다. 돈, 감정, 자녀, 이 세 가지 중 어느 하나의 문제도 해결하기 쉽지 않은데, 이 세 가지 문제가 실타래처럼 얽혀져 있기 때문입니다.

얼른 정신을 차리고 아내가 뭐라 답하기 전에 나서봅니다. 남편에게 10년 동안 한 여자를 위해 살아오느라 고생 많았으며, 힘든 몸으로 처자식을 위해 애썼다고 위로해주었습니다. 그러면서 당신은 옆의 아내에게 어떤 마음인지, 당신도 아내에게 미안한 마음이 있는지 조심스레 물어보았습니다. 그러자 남편은 순순히 "물론입니다. 결혼기간 동안 내가 더 잘해주지 못해 미안합니다"라고 대답합니다.

아내는 남편의 대답을 듣자마자 오열을 했습니다. 아내에게 남편에게 미안한 마음이 있냐고 물었더니 눈물을 흘리며 "정말 많이 미안해요…"라며 말을 맺지 못합니다. 그 대답을 들은 남편은 깊은 한숨을 내쉬고는, 이제 됐노라며 자신의 이름 옆에 서명했습니다.

24살, 26살의 젊은 부부는 그들이 함께한 10년의 시간을 나의 이혼주례로 그렇게 마무리했습니다. 마지막으로 하고 싶었던 이야기를 할 수 있게 해주셔서 감사하다며 꾸벅 인사하고 나가는 그 젊은 아빠의 등을 쓰다듬어 주고 싶은 욕구를 억누르느라 애를 먹었습니다.

내 마음속에 소나기가 속절없이 퍼붓고 있습니다.

살기 위한 이별

"판사님… 저는 정말 죽을힘을 다해 여기까지 왔습니다…. 그런데 이제 더 이상은 어려울 것 같습니다. 이러다간 저희 가족 모두 죽을 것 같아요. 아이들을 키워야 해요. 사랑하는 아내에겐 정말 미안합니다. 끝까지 남편으로 남아 있어 주지 못해서요. 정말 미안합니다. 그래도 착한 내 아내는 나를 진심으로 이해해 줄 겁니다…."

그의 눈시울이 붉어지며 그의 목소리만큼이나 굵은 눈물방울이 앞에 놓여 있던 시류디미 위로 떨어졌습니다.

학교 선생님으로서 다정하면서 책임감이 강했던 남편은 사랑스러운 아내와 결혼해 곧 눈에 넣어도 아프지 않을 아들을 낳았습니다. 그러나 그 아들은 뇌병변과 지적장애 등 중복장애를 안고 태어났습니다. 그렇지만 부부는 서로 사랑하며 아픈 아들을 열심히 돌보았습니다. 둘째, 셋째 자녀까지 태어나면서 행복한 시절들을 함께 했습니다. 비록 첫째가 아프긴 했지만, 남편은 막내가 태어난 그때 그 시절 모든 것을 다 이룬 것 같았고, 정말 행복했었다고 추억합니다.

그런데 건강했던 아내가 40대 초반의 나이에 뇌출혈로 쓰러지면서 이 가정의 평범한 일상은 그때부터 멈춰버렸습니다. 남편은 아픈 아내와 중증 장애를 가진 큰아들, 어린 둘째와 셋째 자녀까지 돌보아야 했습니다. 아내가 아프게 되면서 큰아이는 어쩔 수 없이 시설에 보내게 되었습니다.

아내와 첫째아이의 병원비와 간병비로 한 달에 400만 원 가까이 되는 거액을 지출하게 되면서 가정경제는 급격히 나락으로 떨어졌습니다. 치료비 지원을 받기 위하여 수많은 사회복지급여 및 의료급여 신청을 해보았지만, 남편에게 일정한 근로소득이 있다는 이유로 의료급여 지원이 되지 않았습니다. 아내와 큰아이의 치료를 위하여 남편은 유일한 재산인 아파트를 처분하고 월세를 살며 근근이 버텨나갔으나, 치료비 채무는 쌓여만 가 1억 8천여만 원에 이르렀습니다.

더 이상 버텨낼 재간이 없었던 남편은 국민신문고에 어려움을 호소했고, 사회공동모금회 등에 도움을 요청하여 치료비 채무를 어느 정도 해결하기도 했습니다. 그러나 그 지원은 한시적인 것이라 아내가 호적상 독거자로 처리되어 의료급여를 지원받지 못하는 이상 시간이 지나면 또다시 거액의 채무가 쌓일 것은 불 보듯 뻔한 일이었습니다.

희소질환으로 19년째 투병 중인 큰아들.

뇌출혈로 쓰러져 6년째 투병하며 혼자선 아무것도 할 수 없는 아내.

아빠가 아픈 엄마와 형을 돌보는 사이 외롭고 힘들게 오랜 시간을 보냈을 어린 둘째와 셋째.

아픈 아내가 첫째의 손을 잡고 빨리 하늘나라로 같이 갔으면 좋겠다고, 그러면 그곳에선 아픔 없이 둘이 행복하게 살 수 있지 않겠나…라는 나쁜 생각까지 했다며 눈물짓는 남편.

남편은 살기 위해, 남겨진 어린 두 아이를 거둬 키우기 위해 이혼소장을 법원에 제출할 수밖에 없었습니다. 이 남편에게 어떻게 아픈 아내를 버리느냐고, 아내에게 당신 옆에 내가 있노라고 힘 내라며 말하던 당신이 어떻게 이제 와서 이혼소장을 들이밀 수 있냐고 그 누가 비난할 수 있겠습니까.

저는 이혼주례를 할 때 남편과 아내에게 반드시 하는 말들이 있습니다.

"엄마 아빠의 이혼으로 아이들이 많은 상처를 입었습니다. 엄마와 아빠는 서로 원해서 결혼했고 서로 원해서 이혼하지만, 아이들은 원하지도 않았는데 이 가정의 자녀로 태어났고, 원하지도 않았는데 엄마 아빠가 헤어지는 이혼가정의 자녀로 살아가게 되었습니다.

그러니, 남편과 아내가 이혼함으로써 자녀들이 입는 상처에 대해 죄책감을 가질 필요는 없지만, 자녀들의 상처를 회복시키기 위한 책임감은 반드시 가져야 합니다. 이혼과정 속에서 입는 아이들의 상처를 회복시키기 가장 좋은 방법이 비양육친의 정기적이고 원활한 면접교섭입니다.

그것이 자녀들에게 '엄마 아빠가 나 때문에 헤어지는 것이 아닐까, 내가 좀 더 잘했다면 엄마 아빠와 함께 살지 않았을까' 하는 죄책감이 들지 않도록 하고, '내가 잘못하면 나를 키워주는 엄마(아빠)로부터도 버림을 받지 않을까' 하는 두려움이 생기지 않도록 하는 최선의 방법이며 이혼하는 엄마 아빠가 자녀들에게 줄 수 있는 가장 값진 선물입니다."

자녀가 있는 모든 이혼사건에서 반드시 이 이혼주례가 필요하다고 생각했었는데, 이 사건을 접하고 나서는 그 생각마저도 내려놓게 되었습니다. 엄마와 아빠가 이혼하지 않는 것이 아이들에게 가장 좋은 것이라는 전제가 이 사건에서 더 이상 유효할 수가 없어 보였습니다. 가정을 유지하다가는 둘째와 셋째마저도 제대로 된 보살핌을 받지 못하다 결국 잘못될 수도 있을 것 같다는 위기감이 들었습니다.

병원에 누워있던 아내는 법원에서 온 이혼소장의 내용을 전해 듣고 이혼에 동의하냐는 물음에 온 힘을 다해 고개를 끄덕이면서 동의한다는 의사표시를 했습니다. 아내가 남편에게 자신의 힘으로 해 줄 수 있는 유일하고도 마지막이 될 도움이었을 것입니다. 그들의 살기 위한 이별에 나는 마침표를 찍어 주었습니다.

살피건대 원고와 피고는 혼인신고를 마친 법률상 부부인 사실, 피고는 2017. 7.경 뇌출혈로 쓰러져 현재까지 병원에서 투병생활 중으로 한정후견인이 선임되어 있는 사실, 원고와 피고는 슬하에 성년자녀[8] *** 및 사건본인들을 두고 있는데, ***은 미숙아로 태어나자마자 희귀병 판정을 받고 중증 뇌병변 장애와 지적 장애를 가지고 있는 사실, 원고는 피고와 ***의 치료비 및 간병비 등으로 극심한 경제적 어려움에 처한 사실, 피고는 현재 말을 할 수는 없으나 질문은 알아듣고 질문에 따라 고개를 끄덕이거나 저어 의사를 표현할 수는 있는데 후견인으로부터 이 사건 소장의 내용을 전해 듣고 고개를 끄덕여 이혼에 동의한다는 의사를 표시한 사실이 인정된다.

위 인정사실에 의하면, 원고와 피고의 혼인관계는 민법 제840조 제6호에서 정한 이혼사유가 존재하므로 원고의 이혼 청구는 이유 있다. 따라서, 원고의 이 사건 이혼 청구를 인용하기로 하여 주문과 같이 판결한다.

---

8 재판을 진행하던 도중에 첫째아들은 성년에 도달하였습니다.

주 문

원고와 피고는 이혼한다.

판결문의 행간에, 비록 원고와 피고에게 보이지 않는, 이혼주례사를 다음과 같이 기재합니다.

남편과 아내는 서로 원해서 결혼했습니다. 참으로 행복한 시간들을 함께 했습니다. 그러나 이제 서로가 진정으로 원하지는 않지만, 이혼합니다.

아내는 아이들 걱정을 하지 마세요. 남편이 이 이혼을 하는 이유는 당신이 그토록 사랑해 마지않던, 생명과 같이 여기던 그 아이들과 살기 위해서입니다. 아이들과 함께 살기 위해서 그가 당신을 떠나보냅니다. 어린 둘째, 셋째를 그는 잘 키워낼 터이니, 당신은 당신의 몸에 갇힌 영혼을 애통해하며 눈물 흘리지 마세요. 법정에서 보인 그의 눈물방울에서 나는 그의 맹세를 보았습니다.

이제 아내의 손을 놓은 남편이여!

그 마음속에 있을 일말의 죄책감과 미안함은 여기 눈물 어린 법정에 두고 가십시오. 당신의 어깨 위 무거운 짐이 조금이라도 덜어질 수 있다면 좋겠습니다. 그동안 어두운 구석에서 배곯으며 많이도 울었을 당신의 어린 두 아들을 이제 있는 힘껏 안아 주십시오.

당신을 위해 최선을 다해 머리를 끄덕이며 처연한 이별을 담담히 받아들인 아내를 위하여 그 어린 것들을 잘 거둬주십시오.

아기는 누가 키워야 해?

이혼소송에서 대부분의 원·피고는 자녀들의 친권 및 양육권을 서로 가지겠다고 극렬하게 다투는 경우가 많습니다. 서로 키우겠다고 주장하면서 상대방이 키워서는 안 될 이유들을 나열하는데, 각자가 주장하는 말들이 사실이라면 둘 다 자녀를 키울 자격이 없는 것이 아닌가 하는 아이러니한 생각이 들 때가 많습니다. 그래도 그나마 서로 키우겠다고 다투는 것은 다행입니다. 정말 난감한 경우는 서로 키우지 않겠다고 주장하는 경우입니다.

남편과 아내는 2018년 초에 소개팅 어플을 통해 만나 교제했습니다. 아내는 남편과 교제하던 중에도 예전 애인과 계속 연락하거나 소개팅 어플을 이용하여 새로운 만남을 가지기도 했습니다. 그렇게 둘은 수시로 싸우면서 만나다가 헤어지기를 반복하던 끝에 아내가 임신을 하게 되었고, 결국 결혼하게 되었습니다.

이렇게 시작된 결혼생활이 행복할 수가 없음은 불 보듯 자명합니다. 남편은 아내와 부부싸움을 하기만 하면 집을 나가 버렸습니다. 한번은 남편이 부부싸움 후 집을 나가 2개월째 고시원에서 생활을 하자, 화가 난 아내는 시모가 정기적으로 가는 목욕탕으로 찾아가서 10개월 된 아기를 거기에 놔두고 친정으로 가버렸습니다. 술집 장사를 하고 있던 시모는 아기를 볼 여유도, 이유도 없다면서 사돈집으로 찾아가 아기를 되돌려주고 돌아옵니다.

그날 저녁 아내는 자신의 부모와 신혼집으로 찾아가 집에 혼자 있던 남편에게 아기를 떠다밀었고, 그 과정에서 남편의 모친이 찾아오면서 그야말로 아기 떠넘기기 혈전이 벌어졌습니다. 그렇게 격전을 벌이다가 희한하게도 둘이 다시 함께 살기로 극적 합의를 하게 되었습니다. 어쨌든 아기를 위해 참으로 다행인 일이었지요.

그러나 그 합의는 그리 오래가지 못했습니다. 다시 둘은 끝없는 싸움을 벌였고, 서로 아기를 네가 키우라며 설전을 펼쳤습니다. 그러던 중 아내의 할아버지가 사망했고, 남편은 처조부상을 이유로 직장에서 휴가를 받아 장례식장에 있는 아내를 대신하여 집에서 아기를 돌보았습니다. 그런데 아내는 할아버지의 장례 절차를 모두 마쳤음에도 집으로 돌아가지 않았고, 다시 출근해야 하는 남편은 할 수 없이 아기를 자신의 모친에게 맡기게 되었습니다.

그렇게 6개월이란 시간이 흘러갔음에도 아내가 돌아올 기미가 보이지 않자, 남편은 이혼소송을 제기했습니다. 자신은 현재 경기도에서 원룸을 얻어 살면서 직장생활을 하고 있고, 모친은 자신이 초등학교 4학년 때 아버지와 이혼한 뒤 저녁장사를 하고 있어서 아기를 계속 양육하기 어려울 뿐만 아니라 딸이 자라기 좋은 환경도 아니므로 아내가 어린 딸을 키워야 한다고 주장합니다.

그러자 아내는, 자신은 무직이며 살 집도 없고 돈을 벌어야 하니 아이가 엄마 손에서 자라지 못할 것은 마찬가지이므로 오히려 정기적인 수입이 있는 아빠가 키우는 것이 훨씬 더 낫다고 주장합니다. 또 자신의 부모님은 아기를 절대 봐줄 수 없다고 선언했기 때문에 대신 키워줄 사람도 없는데, 아기는 이미 친할머니 집에서 잘 자라고 있고, 친할머니는 베이비시터를 고용해 아기를 안정적으로 양육하고 있으므로, 지금 현상 그대로를 유지하는 것이 아기에게 가장 좋다고 주장합니다.

이런 사건들을 볼 때마다 마음이 참 힘듭니다.

자신들로 인하여 이 땅에 태어난 여린 생명 하나도 감당 못 하겠다고 아우성치는 사람들이 너무나 불편하고, 그 애처롭고 가엾은 아기에게 같은 어른으로서 미안한 마음을 금할 수가 없습니다.

양육환경조사명령을 하였습니다. 엄마도 아빠도 양육을 극렬히 거부하는 이 사건에서 누가 양육해야 하는 것이 좋을지를 조사해야 하는 가사조사관도 여간 고역이 아니겠지요.

아니나 다를까. 이해할 수도, 이해하고 싶지도 않은 어처구니없는 일이 조사 중에 벌어졌습니다.

1차 조사기일에 조사관이 양측에게 양육계획서를 제출해보라고 하자, 아내는 아기를 양육할 수 없다는 내용만 기재된 양육계획서를 제출했고, 남편은 양육계획서는 제출하지 않고 아내가 아기를 양육하지 않겠다고 하면 아기를 입양 보내기를 원한다는 진술을 했습니다.

2차 조사기일에 조사관이 아기가 지금 어디에 있는지 물어보자, 남편도 아내도 아기의 거처를 모른다고 합니다. 그런데 그날 아기의 친할머니는 상의 없이 아기를 조사실로 데리고 와 아기를 그곳에 놔둔 채 돌아가 버렸고, 동시에 남편도 사라져 버렸습니다.

조사관이 남편에게 전화를 했으나, 남편은 오늘 더 이상 조사를 못 받겠다며 일방적으로 전화를 끊은 후 전화 연결이 되지 않았습니다. 아기는 온 세상천지가 떠나가라 울고, 아내는 시모를 불렀으나 시모 역시 뒤도 돌아보지 않고 줄행랑을 쳤습니다.

아기를 이렇게 내팽개쳐놓고 가버리면 어떻게 하냐는 가사조사관의 전화에 시모는 "건강 문제로 오늘 입원해야 해서 아기를 데려왔다. 지난 1여 년간 밤에 장사를 하면서, 사람을 써서 아이를 돌보느라 아무것도 할 수 없었다. 그런데 아들도 애 엄마도 전화 한 통 없고, 찾아온 적이 없었다. 아이는 아이 엄마가 키워야 한다고 생각하고 남자는 일을 해야 한다. 애 엄마 아빠가 모두 아기를 양육할 수 없다면 시설에 맡길지언정 나는 더 이상 도울 수 없다"고 소리치고는 전화를 일방적으로 끊어버렸습니다.

그날 아기는 1년 만에 다시 엄마에게 토스되었습니다. 아내는 울고불고 난리를 치다 다른 수가 없으니 어쩔 수 없이 아기를 데리고 친정으로 돌아가게 되었습니다. 아기는 엄마와 돌아가는 길에 울다 지쳐 잠들었습니다. 어쩜 이리도 불쌍한 아기가 있을까요.

목욕탕에 아기를 버려두고 온 아내의 행위와 모친과 짜고 법원에 아기를 버리고 도망간 남편의 행위는 아동학대로 심각한 범죄행위입니다. 두 사람은 엄마 아빠로서 이미 모두 자격을 상실한 것이 아닌가 하는 깊은 고민에 빠졌고, 그렇다면 직권으로 피해아동보호명령사건을 개시하여 엄마 아빠의 친권을 상실시키고, 아이는 차라리 기관으로 보내 좋은 양부모를 만나 살 수 있는 기회를 주는 것이 아기를 위해 더 나은 것이 아닌가 하는 생각마저 들었습니다.

아이를 키우는 엄마의 심리상태가 걱정되어 심리검사를 보냈더니, 아내는 자기 자신을 스스로 돌보기에도 힘든 상태여서 치료적 개입과 가족의 돌봄이 요망되므로 양육자로 부적절하다는 회신이 돌아왔습니다. 뭐니 뭐니 해도 아기는 친엄마 품에서 자라는 것이 제일 행복할 것이라고 생각해 왔던 저의 믿음이 산산이 부서지는 순간이었습니다.

서로 아기를 못 키운다고, 그러면 그냥 아기를 시설로 보내자고 하는 엄마 아빠.

자신들의 인생이 중요한 젊은 할머니와 할아버지.

이 많은 어른이 아기 하나 건사하지 못하겠다고 아우성치는 모습이라니….

일단 조정기일을 열었습니다. 남편은 기일에 출석했다가 자신이 했던 방식대로 또다시 아기를 덤탱이 쓸 것이 걱정되었던지 출석조차 하지 않았습니다. 남편의 예상이 맞았던 걸까요? 아내는 아기를 데리고 조정실에 왔습니다. 아기를 법원에서 데리고 집으로 간 지 석 달 만이었습니다.

남편이 출석했다면 아내는 아기를 다시 남편에게 떠넘기고 도망쳐버렸을까? 생각이 거기에까지 미치자 머리가 멍해지며 기운이 빠졌습니다. 그러나 젖살 통통한 세 살 아기는 여기가 어디인지, 왜 그곳에 왔는지 알지 못한 채 기저귀 찬 통통한 엉덩이를 씰룩이며 여기저기를 기웃거립니다.

남편 측과 아내 측은 여전히 아기의 양육자는 상대방이 되어야 하며 자신은 키울 수 없음을 강변했습니다. 남편 측 대리인은 자신이 많은 의뢰인을 만났지만, 이렇게 연락도 잘 안 되고 무책임한 의뢰인은 처음이라며 절대 아기를 키워서는 안 될 인물이라고 합니다. 이혼소송에서 자신의 당사자를 이렇게 깎아내리며 변호하는 사건은 처음 보는지라 살짝 어이가 없기도 했는데, 변호사가 너무 진지하게 말하는 품새로 봐서 형식적인 변론기술만은 아닌 듯해 보이기도 했습니다.

먼저 조정을 진행하기에 앞서 당사자와 대리인들에게 아내와 남편이 딸에게 한 행동들은 명백한 아동학대행위로서 이 부분의 처리 방법에 대해 심각하게 고민하고 있음을 엄중히 경고하면서, 일단 두 사람에게 다시 한 번 더 기회를 주기 위해서 조정기일을 진행하는 것임을 알렸습니다.

그러자 아내 측에서, 아기를 석 달간 양육하면서 정이 많이 들어서 일단 법원에서 최종적으로 결정이 날 때까지는 아기를 양육해 볼 테니 양육비를 지급해 달라고 합니다. 남편 측도 아기를 결코 시설에 보내고 싶은 것은 아니다, 엄마가 키워줬으면 하는 바람이 최우선이고, 엄마가 키운다면 양육비를 잘 지급할 것이라는 의사를 표명했습니다.

양측 대리인과 의견을 조율한 끝에 임시 양육비로 월 120만 원을 지급하되, 사치하는 아내가 양육비로 준 돈을 아기한테 쓰지 않고 자신에게 사용해 버릴까 봐 걱정하는 남편의 염려를 달래기 위해 매주 30만 원씩을 지급하기로 하는 사전처분결정을 했습니다. 남편의 수입과 자녀의 나이에 비추어 임시 양육비치고는 상당히 큰 금액이긴 하지만, 혹시나 아내가 남편으로부터 양육비를 잘 지급받아 돈 걱정이 사라진다면, 딸의 양육에 대한 심경의 변화를 확실히 일으키지 않을까 하는 기대감에 다소 큰 금액으로 정했습니다. 남편 측의 저항이 있긴 했지만, 요즘 한국인 베이비시터도 월 300만 원

이상을 받는데, 자신이 도저히 아기를 키울 여건이 안 돼서 상대방에게 맡기면서 양육비라도 본인의 최선을 다해야 지급해야 하지 않겠느냐고 설득했더니 다행히 수긍을 했습니다. 그리고 그동안 아기를 잘 키운 아내에게 진심을 다해 칭찬하고 격려해 주었습니다. 아기를 안고 돌아가는 엄마의 함함한 뒷모습에 세상에서 제일 불쌍해 보였던 이 꼬맹이도 잘하면 엄마와 함께 살아갈 수 있겠구나 싶은 생각이 들어 내 마음속에 꽃보라가 흩날렸습니다.

그렇게 5개월의 시간이 지났습니다. 5개월간 남편은 양육비 지급기일을 한 번 놓친 것을 제외하고는 매주 30만 원씩을 꼬박꼬박 잘 지급하여 아내 측으로부터 신뢰를 쌓았고, 아내와 아내의 부모는 1년 가까이 되는 시간 동안 아기를 함께 돌보며 아기에게 깊은 정이 들었습니다.

다시 잡힌 조정기일에서 마침내 조정이 성립되었습니다. 그리고 아빠는 2주에 한 번씩 아기를 면접교섭 할 수 있게 되었습니다. 긴 시간 공을 들인 사건이 가장 좋은 방향으로 마무리되어 너무나 기뻤습니다. 무엇보다 내가 할 수 있는 최선을 다하여 아기가 엄마 품안에서 자랄 수 있게 되었다는 그 사실이 저를 고무시켰습니다.

그런데 이 사건 조정의 숨은 공로자가 있었다는 사실을 조정기일에서 알게 되었습니다. 바로 아내의 변호사였습니다. 처음에 양육비를 주면 아기를 키우겠다고 마음먹게 한 것도 변호사의 끊임없는 설득 덕분이었습니다. 아기와 비슷한 또래의 자녀를 키우고 있던 엄마 변호사는 아내가 아기를 키우는 동안에 지속적으로 연락하며 아내의 고충을 들어주었습니다. 변호사는 조정이 성립된 날 아내에게 애기들 데리고 언제 같이 키즈카페에서 만나 놀자며 호탕하게 웃었습니다. 그녀도 함께 웃습니다. 저도 함께 웃으며 찡해오는 코끝을 씰룩거려봅니다.

그 누군가의 열심으로 한 아기의 인생이 완전히 바뀌었습니다. 시설에서 살 뻔한 아기가, 온 우주와 같은 엄마의 품에서 자라나게 되었고, 할머니 할아버지를 부르며 재롱을 부릴 수 있게 되었으며, 2주에 한 번씩 아빠를 만나 눈을 마주칠 수 있게 되었습니다. 처음에는 너무나 자격 없는 엄마 아빠였고 미성숙한 그들이었지만, 시간과 제도가, 그리고 사람이 자신들의 자녀에게 큰 잘못을 저지를 뻔한 그들을 구제하고 인간으로서 가치 있는 삶을 선택하게 만들었습니다.

아가야, 너의 인생을 축복해.

네 인생의 첫 시작은 너무나 아팠지만, 너의 엄마 아빠는 결국 너를 포기하지 않았어. 너의 인생을 위해 많은 이들이 애썼음을 기억해주길 바라. 또한, 너를 기억하고 네가 아픔 없이 잘 자라기를 바라며 기도하고 있는 이가 있음을 잊지 말길 바란다.

아가야, 너는 사랑받기 충분한 아이야.

코로나 이혼

그와 그녀는 친구의 소개로 만나 3년간 연애를 했습니다.

그는 그녀와 자신이 모든 면에서 잘 맞았고, 그녀가 늘 자신을 지지해주어서 결혼하기로 결심했습니다. 그녀 역시 그의 성실한 모습이 마음에 들었고, 자신의 말을 잘 듣고 따라주는 자상한 모습에 평생을 함께 하기로 결정했습니다. 그녀의 부모는 그가 박봉의 공무원이라는 이유로 결혼을 반대했지만, 그녀의 의지를 꺾을 수 없었고 결국 결혼을 승낙했습니다.

결혼 준비를 하다 보면 갈등이 생기고 싸우기도 한다는데, 결혼 준비도 아무런 어려움 없이 순탄하게 진행되었습니다. 다만, 신혼집을 구하는 과정에서 조금의 의견대립이 있긴 했습니다. 남편은 부모님이 본가 근처에 자기의 명의로 사놓은 아파트에 들어가고 싶어 했고, 아내는 남편이 타지방에 근무하고 있고 아기가 생기면 친정의 도움을 받아야 하므로, 친정 근처에 집을 구하기를 강력하게 희망했습니다.

남편은 아내의 말대로 처가에서 5분 거리에 있는 곳에 신혼집을 구했습니다. 조금 아쉽긴 했지만, 아내의 말이 모두 맞다고 생각했기 때문에 큰 불만은 없었습니다. 코로나가 한창 기승을 부리던 때였지만, 그와 그녀는 행복한 결혼식을 올리고 부부가 되었습니다. 결혼 후 남편은 주중에는 근무지 관사에서 지내고, 주말에 신혼집으로 와 주말부부 생활을 했으며, 아내가 곧 임신을 했습니다.

2022년 1월에 아기가 태어났고, 아내는 산후조리원에서 3주를 지낸 후에 아기와 함께 집으로 돌아왔습니다. 코로나로 인한 조리원 입실에 제한이 있어서 아기를 얼마 보지 못했던 남편은 집으로 돌아온 아기를 보며 너무나 행복했습니다. 그러나 그 기쁨은 한 달이 채 지나기 전 아내의 코로나 확진으로 금이 가기 시작했습니다.

아내의 코로나 확진으로 산후도우미조차 방문을 못 하게 되자, 아내는 아기와 함께 친정으로 들어갔습니다. 몸조리와 코로나 병간호를 친정 부모로부터 받은 아내는 그 시간들이 점차 익숙해지고 당연하게 여겨졌습니다. 아내는 친정에서 엄마가 해주는 맛있는 밥을 먹고, 남편 대신 아빠가 아기와 놀아주며 시간을 보내는 것에 편안함을 느꼈습니다.

코로나가 점점 더 심해지면서 확진자 접촉 등의 이유로 아기를 보러 오지 못하는 남편이 처음에는 너무나 안쓰러웠습니다. 금요일 업무를 마치고 식사도 하지 못한 채 늦은 저녁 처가로 헐레벌떡 뛰어와 아기를 보는 남편이 안타깝고 미안하기도 해서, 이것저것 신경을 쓰고 식사도 정성껏 차려내곤 했습니다. 그러나 코로나가 길어지고 친정에 머무르는 시간이 길어지자 남편에 대한 신경은 점점 무뎌져갔고, 남편이 오든지 말든지, 밥을 먹든지 말든지 상관없는 지경에 이르렀습니다.

주말마다 처가로 향하는 남편의 발걸음은 무겁기만 합니다. 처음에는 사위로서, 남편으로서 환영받는 느낌이었는데, 이제는 오는지 가는지 관심이 없는 듯합니다. 아기가 너무 보고 싶어도 주중에는 꾹 참고 버티며 주말만을 기다리다가 아기를 보러 가는데, 아내를 비롯한 모든 처가 식구들이 자신을 마치 바이러스 취급하면서 아기를 안는 것조차 제지할 때가 늘어났습니다. 아기는 자신이 아니라 외할아버지를 아빠로 여기는 듯했습니다.

자신과 자신의 가족이 왜 거기에 있어야 하는지에 대한 근본적인 회의가 들기 시작했습니다. 아내에게 다시 우리 집으로 돌아가자고 해도 아내는 콧방귀만 뀝니다. 혼자서 어떻게 독박육아를 하라고, 주중에 편안히 혼자 지내다 오면서 자기한테 그따위 소리를 하냐며 큰소리를 칩니다. 그러자 남편은 자신이 내려오는 주말만이라도 우리 집에 있는 건 어떠냐고 제안해보지만, 아내는 자신더러 주말에 아기 보고 밥하고 빨래하고 청소하고 다 하란 말이냐며 고래고래 소리를 질러댑니다.

아내의 고함소리에 놀라 뛰어온 장인 장모는 사위에게 "이게 무슨 짓이냐, 장모가 해주는 밥 편안하게 먹고 다니는 주제에 왜 내 딸을 괴롭히느냐, 이럴 거면 이 집에 발도 들이지 말라"고 호통을 쳤고, 남편은 마지막 남은 실낱같은 희망마저도 끊어져 버린 듯한 자괴감을 느꼈습니다. 처가 생활을 통해서 남편은 얻은 것보다 잃은 것이 많았습니다.

처가와의 관계에서 외로움을 느끼는 남편.

친정을 떠나면 부모님과 편안함을 모두 잃어버릴 것만 같은 두려움으로 가득 찬 아내.

코로나로 인해 생긴 생활근거지의 변화를 이제 되돌릴 수 있는 동력이 남편에게도, 아내에게도 남아 있지 않았습니다.

아내는 남편에게 "너만 좀 참으면 모두가 편안한데 그걸 못하냐"고 비난하면서 남편이 처가에서 상처받는 것을 이해하지 못하고, "처가 식구가 너 대신 모든 것을 다 해주는 것이 감사하지 않냐"면서 그의 언행에 오히려 어이없어합니다. 결혼을 통해 자기 부모로부터 벗어난 진정한 독립이 이루어져야 하는데, 아내는 그 시작 단계에서부터 코로나라는 복병을 만나 부모 및 원가족 구성원들과의 융합이 더욱 심화되면서 결혼을 한 후에도 새로운 가족과 정서적 애착을 형성하지 못하고 말았습니다. 어머니로부터 벗어나기 어려울 정도로 큰 의지를 하게 되었고, 자신이 꾸린 가정에서조차 남편이 있어야 할 자리를 자신의 아버지로 대체해 버렸습니다.

남편은 자신이 아내를 위해 이렇게까지 했는데 아내가 이를 알아주지 않는 것으로 인한 억울함, 화가 축적되어 견딜 수 없었습니다. 아내에게 받는 상처가 매우 크고 그로 인해 분노감, 적대감이 상당히 누적되어 있어 사소한 자극에도 원망, 억울함이 더욱 크게 표출되는 상황에 이르렀습니다.

남편과 아내는, 가장 현실적이고 우선시되어야 하며 중요하고도 첨예한 갈등의 주제에 대해서는 각자의 생각만을 주장할 뿐 구체적인 의논은 없습니다. 연애 시절 모든 면에서 잘 맞았고 서로를 지지해주던 그와 그녀는 이제 더 이상 대화가 되지 않고, 서로에게 상처만 주는 관계가 되어버렸습니다.

그토록이나 정다웠던 그들은 끝끝내 남남이 되는 길을 택했습니다. 모든 탓을 코로나로만 돌릴 수는 없겠지만, 코로나로 인한 친정과의 과도한 밀착이 이 가정에 독사과가 되었음은 분명해 보입니다.

가정의 중심은 남편과 아내입니다. 그리고 부부 사이에 태어난 자녀를 종국적으로 양육하고 책임을 져야 하는 사람은 바로 자녀의 엄마와 아빠입니다. 할아버지는 할아버지일 뿐 아빠가 될 수 없고, 할머니는 할머니일 뿐 엄마일 수가 없습니다. 아무리 좋은 할머니, 할아버지라도 엄마 아빠의 자리를 결단코 대체할 수 없습니다.

판사님은 왜 자꾸 저쪽 편만 드세요?

"판사님, 그런데 왜 자꾸 상대방 편만 드시는 거지요? 같은 여자시잖아요."

아내가 차가운 눈으로 노려보며 쏘아붙이는 말에 숨이 턱 막혀왔습니다.

'저기요. 혹시 저를 남편으로 착각하시는 건가요?'라고 묻고 싶은 말이 목구멍까지 치밀어 올랐습니다. 조정이 성립되었다는 전화를 받고 간 조정실에서 저는 예상치 못한, 봉변 아닌 봉변을 당했습니다.

이혼은 세 가지의 방식으로 진행할 수 있습니다.

먼저, 당사자 간에 원만하게 협의가 이루어진 경우 협의이혼의 방식으로 진행할 수 있습니다. 당사자 간에 이혼과 미성년 자녀의 친권자 및 양육자, 양육비, 면접교섭에 관하여 협의가 된 경우에는 법원에 협의이혼신청서를 낸 후 3개월의 숙려기간이 지나게 되면 협의이혼 의사확인기일을 지정해 줍니다(미성년 자녀가 없는 경우에는 훨씬 빨리 진행됩니다). 그 기일에 양 당사자가 법원에 출석하여 협의이혼 의사확인을 받고, 3개월 내에 이혼신고를 하는 방법입니다. 3개월 내에 이혼신고를 하지 않으면 의사확인을 받은 것은 효력을 상실하고, 협의이혼 신청절차를 처음부터 다시 진행해야 합니다.

다음으로, 재판상 이혼을 하는 것입니다. 이는 도저히 당사자 사이에 협의가 되지 않을 경우 법원에 이혼소장을 제출하고 재판과정을 통해 이혼파탄의 책임(위자료)과 재산분할, 미성년 자녀의 친권자 및 양육자 지정, 양육비와 면접교섭을 판결로 받아 혼인관계를 정리하는 방법입니다. 판결이 확정되면 그 즉시 신분관계는 바로 정리가 됩니다. 협의이혼과 달리 3개월 내에 신고를 하지 않는다고 해서 이혼의 효력이 사라지는 것이 아닙니다.

세 번째로는, 이혼조정신청을 하는 것입니다. 당사자들이 직접 만나서 협의를 할 상황이 되지 않거나 기타 여러 가지 사정으로 협의이혼을 할 수 없는 경우에 합의가 될 것이라 예상되는 안으로 한쪽이 조정신청서를 제출하면, 조정기일이 지정되어 양당사자를 불러 이혼조정을 하는 방법입니다. 먼저 조정위원들이 양 당사자의 의견을 듣고 이를 토대로 의견이 합치될 수 있도록 이야기를 나눈 뒤 조정이 어느 정도 성립되면 마지막으로 재판장이 조정실로 가서 조정조항을 정리하고 확인하는 것으로 마무리가 됩니다. 이혼조정이 성립하면 판결이 확정된 것과 동일한 효력이 발생합니다. 대부분의 이혼조정신청사건은 원만히 조정으로 마무리되는 경우가 많으나, 조정이 성립되지 않는 경우에는 재판상 이혼 절차로 넘어가게 됩니다. 그래서 조정신청사건은 빨리 조정이 되어 거의 10분 이내에 연락이 오거나, 아니면 조정이 성립되지 않아 재판상 이혼 절차로 넘어가면서 따로 연락이 오지 않는 경우로 대부분 마무리됩니다.

그런데 그날은 조정실에서 한참의 시간이 흐른 후에야 조정이 성립되었다는 연락이 왔습니다. 보통 10분이면 연락이 오는 일반적인 조정신청사건과 달리 1시간 20분이나 지나서야 연락이 와 의아해하며 조정실 문을 열었습니다.

아내는 변호사와 함께, 남편은 변호사 없이 혼자 출석했습니다. 부부는 3살과 이제 막 10개월이 된 두 아이를 두고 있었고, 별거한 지는 5개월이 되었으며, 자녀들은 엄마와 함께 지내고 있었습니다. 아파트를 두 채 가지고 있었습니다. 아내 명의 한 채, 남편 명의 한 채.

조정이 그토록 힘들었던 이유는 역시나 그놈의 돈 때문이었습니다. 남편의 아파트는 비어있고 아내의 아파트에서 아내와 두 아이가 살고 있었는데, 이 아파트들을 어떻게 매각하여 재산분할을 할 것인지로 힘겨운 줄다리기가 계속되었던 모양이었습니다.

조정위원들이 적어놓은 조정안을 보니 그대로 두면 차후에 분쟁이 발생할 소지가 있는 부분이 여럿 보였습니다. 그 부분들을 명확하게 하기 위하여 이것저것 물어보고 이를 정리하려는 찰나, 아내가 소리쳤습니다.

"아니, 아까 저분들(조정위원들)하고 1시간 30분 동안 다 이야기를 마쳤는데, 왜 다시 처음부터 이야기를 하시나요?"

그녀의 갑작스러운 반응에 조금은 당황스러웠지만, 애써 담담한 목소리로 차분히 설명했습니다.

"네. 조정위원님들하고는 조정안에 관하여 개략적인 이야기를 하신 것이고요, 제가 보니 법률적으로 조금 부정확한 부분들이 있어서 지금 그 부분을 정리하고 있는 겁니다."

그러자 아내는 "아니, 그렇게 해서 아까 정리를 다 끝냈는데, 뭘 다시 또 적으시느냐고요"라며 신경질적으로 말을 내뱉습니다.

"지금 조정에 참여하신 조정위원님들은 법률전문가가 아니기 때문에, 법률적으로 정리가 덜 된 부분들이 조금 있습니다. 이 부분은 명확한 정리가 필요하고요, 그렇게 하지 않고 이 내용 그대로 조정조서를 작성하게 되면 나중에 또다시 분쟁이 발생하게 됩니다."

판사의 말에 아내의 눈은 분노에 차 희번득입니다.

"아니, 지금 판사님이 오셔서 저쪽(남편) 유리하게 조정조서를 다 바꾸고 계시잖아요. 판사님도 여자시면서 왜 남자 편만 드세요? 판사님은 애도 안 키우세요?"

아내와 남편이 조정위원들과 긴 시간 동안 모든 이야기를 나눈 것은 맞지만, 조정조서에 기재된 내용 중 아내와 관련된 내용만이 구체적으로 기재되어 있을 뿐 남편과 관련된 부분은 너무나 추상적이고 불분명하게 기재되어 있었습니다.

아내는 변호사의 도움을 받아 자신과 관련된 부분을 꼼꼼하게 조정조항에 기재해 놓을 수 있었지만, 남편은 옆에서 이를 법률용어로 명문화할 수 있도록 도와줄 변호사가 없어서 그냥 멍하니 앉아 있다 보니 그런 상황이 되었던 것이지요. 남편과 관련된 추상적인 부분을 명확하게 정리하려고 하니, 아내의 눈에는 남편의 입장만 대변하는 편파적인 판사로 보였던가 봅니다.

그녀는 남편에 대한 미움과 증오를 판사에게까지 전이시켰습니다. 대부분의 경우에 판사에게 이렇게까지 호전적이지 않은데, 그녀는 심리적으로 상당한 어려움을 겪고 있는 듯해 보였습니다.

이해는 되었지만 판사도 사람인지라, 편파적이라는 억울한 누명을 쓰고 나니 마음속에 분노가 일었습니다. 어떻게 하면 서로에게 덜 상처를 주고 헤어지게 도울 수 있을까, 어떻게 하면 자녀들이 이혼가정이라는 상처를 잘 극복할 수 있도록 도와줄 수 있을까, 혼자 고민하고 애쓴 시간과 노력이 무의미하게 느껴지고 나의 감정 소모가 헛된 것처럼 여겨졌습니다.

"다시 발생할지도 모를 분쟁을 방지하기 위해 조정조서를 꼼꼼하게 작성하려고 했던 것인데, 이것이 아내분 눈에 편파적인 것으로 보였다면 오늘 저한테서 조정확인을 받지 않는 것이 좋겠습니다. 저 외에도 다른 조정재판장이 있으니 그분께 조정확인을 받도록 하시죠."

말을 마치고 일어나려는데 아내의 대리인이 황급히 사과하고, 변호사의 태도를 보고 뭔가 심각성을 눈치 챈 아내도 곧이어 사과를 했습니다.

솔직히 그냥 못 들은 척하고 그 자리를 벗어나고 싶었습니다. 내가 왜 이런 말까지 들어가면서 이 사건을 마무리해야 하나, 억울한 심정이 생기는 것을 부인할 수 없었습니다. 그러나 사과하는 당사자와 대리인을 차마 외면하지 못하고 다시금 흩어진 마음을 다잡아 그들을 위한 이혼주례를 마쳤습니다.

이혼주례 후 아내는 자신의 변호사와 함께 조정실을 쌩하니 나가버리고, 남편은 텅 빈 조정실에 홀로 우두커니 앉아있습니다. 잠시간의 깊은 침묵이 흐른 뒤 조정실을 나가려는 판사에게 남편이 묻습니다.

"판사님, 이혼한 후에 다시 혼인신고하는 경우도 있지요?"

남편의 처진 어깨가 더욱 힘없이 늘어져 보입니다. 그 지친 어깨를 보니 이혼주례를 마쳤다고 그대로 돌아 나올 수가 없었습니다.

"재결합하고 싶으신가요?"

"재결합해야지요. 애가 둘이나 있는데…."

"남편분도 아까 보셔서 아시겠지만, 지금 아내분은 남편에 대한 분노가 엄청납니다. 아무리 상대방에 대한 분노가 높아도 이혼재판을 담당하는 판사한테까지 저렇게 적대적으로 말하지 않는데, 아내분은 어느 수준을 이미 넘어선 것 같습니다. 진정으로 재결합을 원하신다면, 남편분은 본인이 생각하시는 것보다 훨씬 더 많은 수고와 노력을 하셔야 할 겁니다. 솔직히 많이 힘들 것 같다는 생각도 듭니다."

남편의 깊은 한숨이 온 조정실을 가득 채웁니다.

"그렇지만 제가 한 가지 확실하게 말씀드릴 수 있는 것은, 가정은 남편분이 그렇게 수고와 헌신으로 지켜낼 가치가 분명히 있다는 것이고, 그것은 자녀들에 대한 가장 큰 선물이 될 것이라는 점입니다. 두 분 사이에 있는 갈등의 골이나 아내분의 그 깊은 상처의 내막까지 제가 전부 다 이해할 수 없는 것이고, 그것은 오직 두 분만이 알겁니다. 일단은 아내분에게 시간을 좀 주세요. 그리고 양육비를 약속대로 잘 이행하시구요, 형편이 된다면 약속된 양육비보다 더 많은 양육비를 지급하는 것도 좋은 방법 중 하나입니다. 돈 더 주겠다는데 싫어할 사람은 없지요. 자녀들과 면접교섭을 충실히 하시면서, 아내분에게 천천히 다가가 보세요. 아직 자녀들이 많이 어리니 충분히 가능성은 있습니다. 남편분이 원하시는 대로 가정이 잘 회복될 수 있기를 저도 함께 기도하겠습니다."

그는 판사의 한마디 한마디를 진심으로 귀담아들으며 연신 고개를 끄덕이고는 판사의 말이 끝나자 허리 숙여 인사한 뒤 옅은 미소를 띠며 조정실을 떠나갔습니다.

나의 영혼은 아내에게 사방팔방 할큄을 당하여 너덜너덜해졌지만, 나의 위로에 조금이나마 안도와 희망을 얻고 돌아가는 남편의 뒷모습에 '그래 이거면 됐지' 하고 스스로를 다독여 보았습니다.

그의 가정이 다시 잘 회복되었으면 좋겠습니다. 진심으로.

3장

홀로서기

끝날 때까지 끝난 게 아니다

남편과 아내는 2019년 가정법원에서 협의이혼의사확인을 받았고, 이후 아내가 구청에 이혼신고를 했습니다. 그런데 남편이 자기는 이혼신고서를 작성한 적이 없다며 아내를 사문서위조죄로 고발했고, 아내는 형사재판을 받아 벌금형을 선고받았습니다.

사실인즉슨, 남편은 아내에게 약속한 재산분할 문제를 어느 정도 정리한 다음에 이혼신고를 하자고 했지만, 한시도 기다리고 싶지 않았던 아내는 남편의 말을 예사로 듣고 자신이 가지고 있던 남편의 도장으로 혼자 이혼신고서를 작성한 뒤 이혼신고를 해버렸던 것입니다.

남편은 아내가 혼자서 이혼신고를 했다는 사실을 알았지만 그 당시에는 별다른 이의를 제기하지 않았는데, 재산분할로 넘겨받기로 한 부동산 이전등기가 원활하게 이루어지지 않자 뒤늦게 아내가 말없이 혼자 해버린 이혼신고를 사문서위조라며 문제 삼아 형사고발을 했고, 아내는 유죄판결을 받게 되었습니다.

부동산 등기를 넘겨받지 못한 남편은 협의이혼을 했으니 약정에 따른 재산분할로 소유권이전등기를 해 달라는 민사소송을 제기했습니다. 그러나 민사재판에서는 남편과 아내 사이에 부동산 전부를 이전하기로 하는 합의가 있었다고 인정할 수 없다면서 기각판결을 받았습니다.

사건이 이상하게 돌아간다고 여긴 남편은 항소를 하면서 동시에 가정법원에 이혼무효소송을 급하게 제기했습니다. 아내가 한 이혼신고는 위조서류로 한 것이므로 무효라고 주장합니다.

기록을 앞에 두고 엄청난 고민에 빠졌습니다.

이 사건 이혼신고는 무효가 맞습니다. 상대방의 도장을 허락 없이 임의로 찍은 신고서, 즉 위조된 신고서로 한 이혼신고이기 때문입니다. 그런데 이 사건에서 더 큰 문제는 남편이 그 사실을 알게 된 즉시 이혼무효소송을 제기한 것이 아니라, (이혼이 유효함을 전제로 하는) 재산분할에 관한 민사소송을 제기했었다는 점입니다.

이것은 법률용어로 무효인 행위를 '추인'했다고 볼 수 있는 행위입니다. 쉽게 말하면 '이혼신고가 원래 무효이지만, 내가 문제 삼지 않고 유효하게 봐줄게. 그러니까 재산분할 해주기로 약속한 대로 땅 내놔'라고 소송을 통한 의사표시를 한 것이지요. 무효인 이혼신고를 추인했으므로 이혼무효소송조차도 기각이 될 위기에 처하게 되었습니다.

이혼이 무효가 되지 않는다면, 남편은 입장이 참 난감해집니다. 즉 재산분할을 제대로 지급받는 것이 난관에 봉착하게 되는 것이지요. 그런데 민사사건은 항소심에서조차 기각되었고, 그대로 확정되었습니다. 남편은 사생결단하고 이혼무효소송에 임합니다. 마지막 남은 최후의 보루이기 때문입니다. 반면 민사소송에서 이겼고, 이혼무효소송에서도 유리한 지위에 있는 아내는 여유만만합니다.

재판을 마치고 판결문을 작성해야 하는데, 마음의 갈등이 심합니다. 법리적으로 본다면 이혼무효소송 역시 기각되어야 하나, 이혼무효소송이 기각된다면 남편은 이제 재산분할 문제를 민사로 어떻게든 다시 해결해야 하는 상황에 처하게 됩니다.

사실 원고든 피고든 이혼이 무효가 되고 혼인관계가 부활되기를 바라지는 않는 것이 분명합니다. 이 사건은 어쨌든 이혼으로 인한 재산분할이 최종적인 해결과제이므로, 따라서 가정법원에서 해결하는 것이 마땅해 보였지만, 법리대로 한다면 가정법원에서 해결할 방법이 요원했습니다.

이럴 때 가정법원 판사로서 마음이 참 복잡해집니다. 가정법원 판사의 입장에서는 남편의 이혼무효소송에 대해 기각판결을 쓰면 너무나 간단하고 쉽게 끝날 사건이지만, 두 사람은 언제 끝날지 알 수 없는 새로운 전투를 다시 시작해야 하기 때문입니다.

일단 조정기일을 잡았습니다. 이 사건은 승소를 하든, 패소를 하든 반드시 후발소송이 예정되어 있는 사건이기 때문에 조정을 하는 것이 가장 당사자를 위한 길이라 생각되었습니다.

즉, 남편이 승소해서 이혼이 무효가 된다면 다시 혼인관계가 부활하게 되는데, 두 사람은 절대 재결합할 가능성이 없고 다시 처음부터 이 지리한 이혼 및 위자료, 재산분할 소송을 시작해야 할 겁니다. 반대로 남편이 패소한다면 이혼은 그대로 확정이 될 터이나, 해결되지 아니한 재산분할 문제가 여전히 남았으니 다시 민사소송을 제기해야겠지요. 남편이 재산분할을 포기하지는 않을 테니까요.

그런데 조정기일 날짜가 다가오자 후회가 조금씩 들기 시작했습니다. 민사소송에서도 여러 번 조정을 시도했으나 결국 성사되지 않았고, 이렇게까지 감정이 나빠진 사건인데 과연 조정이 될까…. 법리대로 판결문을 쓰면 시간도 얼마 걸리지 않고 간단히 내 손에서 털어낼 수 있는 사건인데 괜히 힘만 빼고 시간만 허비하는 것은 아닐까….

역시나 조정실에 들어오자마자 남편의 울분에 찬 성토가 조정실 안을 쩌렁쩌렁 울리기 시작합니다. 살짝 머리가 띵하면서 그냥 판결문 쓸 걸 그랬다 하는 후회가 마음 깊은 곳에서 차올라왔지만, 다시 정신을 다잡았습니다. 힘들지만 조금만 애를 써서 조정이 성사된다면, 저분들은 이 소송지옥에서 해방될 수 있을 테니까요.

숨을 고른 뒤 먼저 아내와 대리인을 조정실 밖으로 나가게 하고,

남편의 하소연을 들었습니다. 20분을 하소연하는 그에게 이 소송에서 법리적으로 매우 불리한 지위에 있음을 강조했습니다.

남편과 대리인을 나가게 한 뒤 아내의 심경을 들었습니다. 그리고 긴긴 소송에 지쳐있는 그녀에게 이야기했습니다.

"언제까지 이렇게 소송지옥 속에서 살 건가요? 전남편이 재산분할을 포기할까요? 이번 재판에서 이긴다 하더라도 또 다른 소송이 대기하고 있습니다. 이제 여기서 그만 끝을 내시지요."

긴 시간의 줄다리기 끝에 마침내 조정이 성립되었습니다. 남편에게는 이 소송에 있어서의 불리함이, 아내에게 있어서는 2019년부터 단절하고 싶었던 길고 긴 악연의 고리를 확정적으로 끊어버리고 싶은 희망이 결국 조정에 이르게 했습니다.

이 사건의 조정성립에는 남편 대리인의 도움이 특히 컸습니다. 남편의 법리적인 약점을 정확하게 파악하고 있었고, 이 사건에서 어떻게 처신해야 할지를 정확하게 간파하고 있었습니다.

사실 대리인들 입장에서는 굳이 조정을 하지 않아도 아쉬울 게 없습니다. 이 사건은 조정이 되지 않는다면 반드시 후발 소송이 있을 사건이니 차라리 조정이 되지 않는 편이 대리인의 입장에서 더 좋습니다. 사건을 한 건 더 맡을 수도 있으니까요. 그래서 조정에 협조적인 대리인들을 보면 참 감사한 마음입니다. 그렇게 끝날 것 같지 않은 사건은 다행히도 가정법원에서 대단원의 막을 내렸습니다.

"두 분 모두 여기까지 오랜 시간 동안 힘든 여정을 걸어오시느라 고 정말 고생 많으셨습니다. 오늘 약속한 내용들을 잘 이행하시고, 이제 정말 모두 끝났으니 편안히 돌아가십시오."

판사의 이혼주례를 끝으로 그들은 이제 서로에게 얽혀있던 그 질긴 인연의 끈을 털어버리고 진정한 홀로서기를 시작하겠지요. 참 다행이었습니다.

이혼소송에서 당사자들을 바라보다 보면, 엄청난 분노와 고통에 휩싸여서 이성적으로 사고할 힘을 상실해버리고 함께 파멸하기를 원하는 모습을 자주 목격합니다.

판사로 오랜 시간 일하다 보니 인간에 대한 실망과 분노, 심할 경우에는 환멸의 감정을 느낄 때가 가끔 있습니다. 법원 문턱을 넘는 대다수의 인간관계는 우리가 보편적으로 가치롭다 여기는 신의와 공정, 배려와 이타심은 당연히 찾아볼 수 없고 거짓과 탐욕, 이기심과 배신으로 점철된 인간 군상의 모습들이 일상이기 때문입니다.

그런데 또 한편으로는 그렇게 격정적으로 지구가 곧 종말한다 해도 절대 양보하지 않을 것처럼 피 터지게 싸우다가도 어느 한 꼬투리가 툭 풀어지면서 예상치 못하게 화해가 되기도 합니다. '인간이 대체 어디까지 추락할 수 있는가, 인간이 과연 저렇게까지 추악해질 수 있는가'라며 혼자 일기장을 휘갈겨대며 탄식하던 그 어느 날에, 절대 풀어지지 않을 것만 같았던 어느 사건이 전혀 예상치 않았던 방법으로 화해가 되고 조정에 이르는 극적인 순간을 만나게 됩니다.

그 모습을 보고 있노라면 마치 하나님이 인간의 코에 새 생기를 불어넣어 방금 다른 사람으로 재창조하신 것이 아닐까 하는 착각마저 듭니다. 그래서 인간은 참 경이롭고 신비합니다. 치열한 싸움 이후에 결국 조정을 하고 돌아가는 두 사람을 바라보노라면 절로 그런 생각이 듭니다.

이 사회가, 한 나라가, 이 지구가 어려운 상황 속에서도 이렇게라도 유지되며 영위되어 가고 있는 원동력은 인간이 어느 순간순간에 인간(人間)의 인간(人間)됨을 기억하고 그것을 포기하지 않기 때문이 아닐런지요.

PS. 협의이혼의사는 이혼신고 시까지 존재하여야 합니다.

이전에는 가정법원에 협의이혼의사확인 신청을 할 때 이혼신고서도 작성하여 함께 제출하도록 했으나, 2008. 6. 22. '협의이혼의 의사확인사무 및 가족관계등록사무 처리 지침'이 개정되면서 협의이혼의사확인 신청 시에 이혼신고서를 첨부하지 않게 되어 이혼신고서 작성과 관련하여 이 사건과 같은 문제가 발생하고 전국적으로 이런 류의 형사사건들이 제법 많이 있습니다.

이 사건과 같이 대부분의 경우 이혼을 요구한 쪽이 이혼신고를 하려고 시청이나 구청에 가서 신고서를 작성하면서 상대방 란에 대충 사인하거나 가지고 있던 상대방 도장을 찍어 제출합니다. 그러면 담당직원은 접수창구에 오지 않은 상대방의 의사를 확인할 신분증이나 증명서를 요구할 수 없으므로 그대로 접수하게 됩니다.

이때 상대방이 "마음이 변해 이혼할 생각이 없어서 이혼신고도 안 할 생각이었는데, 부인(또는 남편)이 무단으로 이혼신고 했다"고 주장하며 형사고발 하면 형사처벌을 받게 되고, 형사재판에 따라 가족관계등록 정정 신청도 할 수 있게 됩니다. 재결합을 원하지 않으면서도 상대방을 형사처벌 받게 하려는 보복심리 때문인 경우가 절대적입니다.

이런 경우 이혼도 무효가 되고 형사처벌도 받게 됩니다. 그러므로 혹시 모를 형사처벌을 받지 않으려면 두 사람 모두 가서 신고서를 작성하든지 함께 만나 작성하든지 해야 합니다.

끝날 때까지 끝난 것이 아님을 명심하시기 바랍니다.

혼인신고의 의미

남편: 우리는 알바하던 곳에서 만난 선후배 사이였습니다. 1년 정도 연애를 하면서 사귀다가 동거를 한두 달 정도 했어요. 같이 살다 보니 너무 다툼이 많아서 헤어지게 되었습니다. 그렇게 잊어버리고 지냈는데, 어느 날 아버지로부터 전화가 왔어요. 아버지가 장애인 감면 혜택을 받기 위해 서류를 떼러 동사무소에 갔더니, 제가 혼인신고가 되어 있더래요. 어떻게 된 일이냐고 아버지에게서 전화가 와서 제가 혼인신고가 된 것을 알게 되었습니다.

판사: 그 사실을 알고 어떻게 했는가요?

남편: 저도 놀래가지고 피고에게 물어보니 그때서야 이야기를 해주었습니다. 피고가 저랑 살면서 계속 다투고 하니까 혼인신고 하면 안 싸우고 잘 살지 않을까 싶어서 저 몰래 혼인신고를 했다고 합

니다. 그리고 저한테 곧 이야기하려고 했는데, 또 저랑 크게 싸워서 말도 못 하고 헤어지게 되었다고요.

판사: 피고가 그렇게 이야기했을 때, 원고 본인은 어떻게 반응했는가요?

남편: 너무 어이가 없었어요. 이 사실을 잘 모르는 가족들에게 엄청 욕을 많이 먹고 이 일 때문에 연락도 안 하고 지내게 되었습니다. 그래서 솔직히 피고에게 전화로 욕도 엄청 했는데, 그래도 달라질 게 없어서 혼인무효소송을 제기했습니다.

판사: 보통은 그런 일이 있으면 혼인무효 판결을 받기 위해서 상대방을 문서위조죄로 형사고발을 하는 것이 일반적인데, 원고는 그런 것도 없네요. 왜 고발하지 않았나요?

남편: 안 그래도 저도 그럴까 생각을 했었습니다. 그런데 피고가 지금 애를 낳은 지 얼마 되지 않았고, 애 아빠와 결혼 준비를 하고 있다면서 제발 처벌받지 않게 도와주면 안 되겠냐고 애걸복걸 하니, 차마 고발할 수가 없었습니다.

우리나라는 법률혼주의를 채택하고 있습니다. 즉, 가족관계의 등록 등에 관한 법률에 정한 바에 의하여 신고함으로써 혼인의 효력이 생기게 됩니다. 혼인신고는 양 당사자가 합치된 혼인의사로 이루어져야 합니다. 그래서 일방이 다른 상대방의 의사에 반하여 혼인신고를 한 경우에는 혼인의 합의가 흠결되었기 때문에 그 혼인은 무효입니다.

혼인의 무효와 이혼은 완전히 그 성격이 다릅니다. 혼인의 무효는 말 그대로 혼인성립 이전의 단계에서 그 성립요건의 흠으로 유효한 혼인이 성립하지 않은 것을 말하고, 이혼은 유효한 혼인관계를 종료시키는 것입니다. 종종 재판을 진행하다 보면 이혼사유로 보이는 사항들을 들면서 혼인무효를 주장하는 경우들이 있습니다.

혼인무효는 혼인의사 유무의 확인이 결정적인데, 대부분의 경우는 혼인신고서 위조로 처벌받은 형사판결이 있는 경우가 많아서 그러한 판결의 존재유무가 일응의 기준이 됩니다. 그런데 이 사건의 경우는 형사고발을 하지 않았다고 하니 무효사유의 존재여부를 쉽게 판단할 수 있는 상황이 아니었습니다.

아내를 당사자본인신문[9] 하기로 했습니다.

판사: 혼인신고를 할 때 원고와 합의하고 혼인신고를 했는가요?

아내: 아니요. 오빠 몰래 혼인신고를 했어요. 오빠랑 동거하게 되면서 안 좋은 일이 많았어요. 그래서 혼인신고 하면 좀 더 잘 지내고 더 좋아하면서 살지 않을까 생각했어요. 말은 나중에 하면 된다

9 재판에서 증인과 비슷하게 사람이 증거가 되는 방법 중의 하나입니다. 증인은 사건과 관계없는 제3자인 반면 당사자본인신문은 사건 당사자인 원고 또는 피고를 증거로 채택하여 증인에게 물어보듯이 물어서 그 진술을 증거로 삼는 절차입니다.

고 생각했어요.

판사: 혼인신고서를 피고 혼자서 모두 기재하였다고 했지요? 그런 것이 범죄행위인 거 알고 있는가요?

아내: (고개를 푹 숙이며) 범죄행위가 되는지 전혀 몰랐어요.

판사: 혼인신고를 했다는 이야기를 원고에게 왜 말하지 않았나요?

아내: 그때 심하게 싸워서 오빠에게 공포를 많이 느꼈어요. 잘못 말했다가는 큰일 날 것 같아서 말하지 못했어요. 헤어지고 나서도 계속 말해야지 말해야지 생각을 했는데, 말 못 하다가 오빠가 연락이 와서 그때서야 이야기했습니다.

판사: 최근에 출산했나요?

아내: 오빠랑 헤어지고 두 달 정도 있다가 아이 아빠를 만나서 임신을 하게 되어서 지금은 아기랑 셋이서 살고 있어요.

판사: 원고가 만약에 혼인무효소송을 제기하지 않았으면 어떻게 하려고 했나요?

아내: 이야기하려고 했는데, 임신을 알고 나서 시기를 조금 놓친 부분도 있고…. 그때 오빠가 저를 다 차단해놓은 상태라서 연락이 안 되어서 계속 어떻게 하지 그러고만 있었어요. 범죄라는 것을 자각 못 하고 원고의 서류에 저렇게 오점을 남기게 해서 미안해요.

하… 대책 없는 그녀를 보자 한숨이 절로 나왔습니다.

판사: 원고 마지막으로 할 말이 있으면 해보세요.

남편: 지난 재판 이후에 법정밖에서 피고가 저에게 울면서 부탁하더라구요. 자기는 이제 아이 엄마가 되었으니 전과자가 되면 안 되니까 혼인무효 말고 이혼하는 것으로 해주면 안 되느냐고요. 내가 왜 이혼남이 되어야 하나 싶어서 그날엔 너무 화가 났지만, 지금은 그냥 피고를 용서하기로 했습니다. 그녀에게 좋은 방향으로 해결해주고 싶어요. 저 개인적인 입장에서는 혼인무효 판결을 받고 싶지만, 증거가 부족하다면 이혼판결을 해주셔도 괜찮습니다.

그의 표정이 사뭇 비장합니다. 25살의 여자는 사귀던 27살의 오빠와 동거하면서 혹시 혼인신고 하면 잘 살까 해서 오빠의 허락 없이 몰래 혼인신고 했습니다. 혼인신고 한 지 두 달 만에 헤어지고 다시 두 달 만에 다른 남자를 만나 아이를 가지고 출산까지 했습니다. 쉰대가 되어버려서인지 이 젊은이들의 감각과 속도감을 전혀 이해할 수가 없었습니다.

그런데 한편으론 요즘 젊은 부부들은 결혼식을 하고 나서도 서로에 대해 좀 더 알아보는 시간을 갖겠다며 혼인신고를 하지 않고 사는 경우가 많습니다. 그래서인지 근래에는 가정법원에 이혼소송뿐만 아니라 사실혼 파탄을 원인으로 한 위자료나 재산분할을 구하는 소송의 비율도 높아지고 있습니다. 사실혼이란 혼인의사의 합치와 혼인생활의 실체가 있는데 혼인신고만을 하지 않고 있는 경우를 말하고, 이러한 사실혼은 법률혼에 준하여 법적으로 보호가 되기 때문에 위자료와 재산분할을 소송으로 구할 수 있습니다.

어느 젊은이들은 이 사회 속의 무언의 압박에도 불구하고 결혼한 이후에도 당당히 혼인신고 하지 않고 살겠다고 하고, 어느 젊은이는 혼인신고의 무게를 깃털보다 더 가벼이 여겨 그저 화해의 도구로 전락시켜버리니…. 이들에게 혼인신고란 대체 어떤 의미일까요.

인간은 어떤 식으로든 여러 관계를 맺고 살아갑니다. 부모자식관계, 형제자매관계, 부부관계, 친구관계, 동료관계 등등. 나의 의사와 무관하게 태어나면서부터 저절로 형성되는 혈연관계가 있고, 나의 의지로 만들어지는 사회적 관계도 있습니다. 혈연관계는 죽어야 그 관계가 끝을 맺지만, 사회적 관계는 내가 단절해버리면 언제든 끝을 맺을 수 있습니다. 그런데 부부관계는 나의 의지로 만들어 첫발을 내딛으나 어느 순간 혈연관계와 같이 밀착되어 버리는 아주 희한한 관계입니다. 혈연관계가 아닌데 혈연관계보다 더 깊은 관계가 되도록 엮는 도구가 혼인신고입니다. 그래서 그 관계를 해소하고자 할 때는 죽고 싶을 만큼 힘겹습니다.

그런데 많은 이혼소송과 협의이혼을 진행하다 보면, 혼인신고와 이혼을 심심풀이 땅콩 까먹듯이 반복하는 사람들도 심심찮게 보입니다. 또한, 얼굴 한번 보지도 못했는데 온라인상으로 수차례 주고

받은 메시지 정도의 교류만으로도 서로 교제하고 있다고 여기는 이들도 상당합니다. 이런 현 시류에서 '관계 맺음'의 '무거움'이란 단어들을 입에 올리기가 참 민망합니다.

그러나 자기 자신을 소중히 여기고, 상대방을 나의 부족한 무엇을 채우기 위한 수단이 아닌 존재 그 자체로 귀히 여긴다면, 사람과 사람 사이의 진정한 인간관계는 회복되고야 말 겁니다. 수많은 사건을 접하다 보면 인간에 대한 신념이 근본적으로 흔들릴 때가 부지기수이지만, 이 사회는 법원에 오지 않는 수많은 착하고 다정한 사람들로 인하여 유지되고 있고 찬란하게 빛나기도 하니까요.

한때 연인이자 서류상으로만 아내였던 그녀를 용서하기로 한 그의 말과 혼자만의 속도로 혼인생활을 시작했다 끝내버린 그녀의 말이 일치해서 그들의 깃털같이 가벼웠던 혼인신고가 무효임을 선언해주었습니다. 그들이 각자 맺게 될 그다음의 관계는 조금 더 진중하고 무거워지길 바라며….

주 문

원고와 피고 사이에 2021. 3. 20. 부산광역시 **구청장에게 신고하여 한 혼인은 무효임을 확인한다.

저와 하는 사랑은 어렵습니다. 그래도 하실 겁니까?

「이상한 변호사 우영우」라는 드라마를 기억하실 것입니다.

잘 만들어진 드라마로, 여러 가지 방면에서 우리에게 많은 것을 생각하게 했습니다. 그중에서 특히 10화의 내용이 사회적으로 여러 가지 화두를 던졌습니다. 많은 이들이 알고 있다시피 그 내용은 이러합니다.

변호사 우영우는 지하철에서 우연히 만난 한 남자의 변호를 맡게 됩니다. 그는 봉사활동을 하다가 첫눈에 반한 누나와 사랑에 빠져 밥도 얻어먹고 뜨거운 밤을 보내기도 했습니다. 그런데 문제는 여자에게 지적 장애가 있었고, 남자는 장애인에게 접근해 돈을 받아 쓰고 다닌 전과가 있었다는 것입니다. 여자의 부모가 남자를 형사 고소했습니다.

비장애인이 지적 장애인을 찐으로 사랑했다는 게 그렇게 믿기지 않는 일이냐며, 장애가 있는 분들은 착하고 순수하며 사랑받을 자격이 충분히 있는 사람들이라고 남자는 강변합니다.

결국 우영우 변호사는 여자를 증인으로 신청한 뒤 여자를 찾아가 설득합니다. 장애인에게도 나쁜 남자와 사랑에 빠질 자유는 있는 것이고, 당신이 경험한 것이 사랑이었는지에 대한 판단은 당신의 몫이라며, 그것을 어머니와 재판부가 대신 결정하도록 내버려두지 말라고 말입니다.

여자는 우영우 변호사에게 자신은 남자와 사랑하는 사이였다면서 그가 감옥에 가지 않게 해달라고 부탁합니다. 그러나 그녀는 법정에서 제대로 증언을 하지 못하고 결국 남자는 유죄로 징역형을 선고받습니다.

그날 밤에 우영우는 자신을 짝사랑하던 이준호와 데이트를 하던 중에 그에게 묻습니다.

“장애가 있으면 좋아하는 마음만으로는 충분하지 않은 것 같습니다. 내가 사랑이라고 해도 다른 사람들이 아니라고 하면 아닌 게 되기도 하니까요. 저와 하는 사랑은 어렵습니다. 그래도 하실 겁니까?”

그 뒷부분은 다들 아시는 대로 가슴 몽글몽글해지는 첫 키스신이 나오면서 그들의 사랑이 시작됩니다.

스토리 중간쯤에 이준호가 친구들과 가진 술자리에서 우영우와의 관계에 대해 이야기하는 장면이 나옵니다. 그러자 친구 중 한 명이 이준호의 사랑은 "사랑이 아니라 연민"이며, 자기가 해봐서 아는데 "도와주고 싶은 불쌍한 여자 만나는 거 그거 사랑 아니"라고 단언해 버립니다. 이준호는 참지 못하고 친구와 주먹다짐을 하게 됩니다. 그 외에도 이런저런 여러 가지 힘든 에피소드들이 있었음에도 불구하고 둘은 결국 예쁘게 사랑을 하면서 해피엔딩으로 대단원의 막을 내립니다.

제 사건에서의 아내는 하반신 마비의 신체장애인이었습니다. 남편이 고등학교 시절 봉사하던 곳에서 10살 연상의 아내를 만나게 되었고, 군대를 제대한 이후 정식으로 교제를 하게 되었습니다. 드라마에서뿐만 아니라 실제 사건에서도 장애인과 비장애인이 주로 만나게 되는 곳이 봉사단체의 봉사활동을 통해서이다 보니 많은 사람이 그들의 관계에 대해 사랑이 아닌 연민이라고 규정짓는 것이 아닐까 싶습니다.

남편은 아내와 교제하면서 유튜브에 자신들의 연애와 일상을 담담히 담아냈습니다. 둘은 결혼하고 싶었지만, 주위의 반대가 너무 심하자 결국에는 아기를 먼저 가지게 되었고, 마침내 결혼식을 올리게 되었습니다. 남편은 간호사로 일했고, 둘 사이에는 어여쁜 딸도 태어났습니다. 그래서 그들은 영원히 행복하게 살았습니다. 끝~~!!! 드라마처럼 인생의 스토리도 그렇게 흘러가면 얼마나 좋을까요. 그렇지만 현실은 역시나 그렇지 않았습니다.

아이를 낳은 이후 둘의 사이는 급격히 나빠져 갔습니다. 몸이 불편하지 않은 부부들도 자녀가 태어난 이후에 급격히 관계가 소원해지거나 나빠지는데, 이 부부에게도 역시 그 고통의 시간은 비켜 가지 못했습니다. 몸이 불편한 아내는, 자신의 이런 불편함을 남편이 더 세심하게 배려해 주지 않는다고 불평을 쏟아 부었고, 남편은 하루 종일 바깥에서 일하고 집으로 돌아와서도 잠들기 전까지 아이와 아내를 돌보느라 몸과 마음이 지쳐갔습니다.

그러던 어느 날 아내는 남편의 휴대전화를 열어보게 되었습니다. 그런데 남편이 유독 한 여자와 카카오톡 메시지를 자주 주고받았음을 알게 되었습니다. 아내의 집요하고도 끈질긴 추궁이 시작되었습니다. 남편은 그녀가 자신의 병원 환자이고, 특별한 관계가 아님을 설명해 주었습니다. 그러나 이미 아내에게 남편의 설명은 더 이상 귀에 들어오지 않았고, 그가 보여주는 모든 것이 눈에 들어오지 않았습니다.

아내는 몇 날 며칠 동안 계속하여 남편에게 진실을 말하라고 다그칩니다. 지친 남편은 더 이상 참지 못하고 홧김에 자신이 그녀와 불륜을 저질렀다고 말해버립니다. 그러자 아내는 울며불며 시부모와 자신의 부모에게 전화하여 남편의 불륜 사실을 알리고, 이 모습을 보던 남편은 극도의 스트레스 상태에서 아파트 창문 밖으로 뛰어내려 버립니다. 구사일생으로 남편은 살았으나 정신병원에 입원하게 됩니다.

아내는 남편의 환자였던 그 여자를 상대로 상간녀 소송을 제기했습니다. 그런데 여자 환자가 제출한 증거들에는 남편의 말대로 남편뿐만 아니라 그 병원의 다른 간호사들에게도 살뜰하게 보낸 카카오톡 메시지와 선물 내역들이 있었습니다. 그런데 남편과는 나이대가 비슷해서인지 좀 더 많은 양의 카카오톡 메시지를 주고받기는 했는데, 그것만으로 부정행위를 인정하기는 어려워 보였습니다.

이 사건을 진행하면서 내내 떠나지 않는 한 가지 생각이 있었습니다. 어쩌면 아내는 장애인으로서 살아오는 동안 받아온 수많은 제약과 무시들로 인하여 본인만의 철저한 방어벽을 치며 살아가는 것이 아닐까. 설사 그것이 사랑하는 남편일지라도 어떠한 상황에서 나를 무시하고 있구나라고 여겨진다면 절대 굴복할 수 없는 전사로 변모하게 되는 방어기제가 본인도 모르게 장착되어 버린 것이 아닐까.

아내와 딸에게 헌신했던 남편을 닭 쫓듯 잡아 결국은 죽음의 문턱까지 몰아가게 만든 것이 과연 그녀만의 잘못일까요? 이 가정의 파탄을 결코 아내의 책임으로만 돌릴 수는 없을 것입니다.

"장애인과 비장애인의 사랑은 사랑이 아니야. 그건 연민이라고. 도와주고 싶은 불쌍한 여자 만나는 거 그거 사랑 아니야."

"너보다 10살이나 어린 남자가 너를, 그것도 장애인인 너를 왜 사랑하겠냐. 비참하게 버려지기 전에 빨리 정신 차려."

"그 남자는 너를 사랑하는 것이 아니고 동정하는 거야. 모르겠어? 언젠가는 너를 버리고 떠날 거야."

아내는 남편을 만나 연애하며 결혼에 이르는 동안 이런 이야기를 수없이 듣지 않았을까요.

사건을 두고 며칠을 고민하던 끝에, 소액의 금액으로 화해를 권하는 결정문을 보냈습니다. 아내에게는 상대방에게 법률적인 위자료 책임을 물을 수 있을지 의문이지만, 그래도 당신의 가정이 영구히 깨어졌고 그것이 당신만의 책임이 아님을 판사가 알고 있다는 뜻으로, 여자 환자에게는 당신에게 법적 책임이 없다고 할지라도 당신이라는 존재로 인하여 한 가정이 저렇게까지 망가지게 되었으니 이 정도의 도의적 책임을 져야 하지 않겠냐는 저만의 시그널이었습니다.

정말 간절한 마음으로 쓴 화해권고결정이었지만, 양쪽이 모두 이의를 할 수도 있겠다고 생각했습니다. 아내는 가정이 깨져버렸고, 상대방 여자는 불륜녀로 취급받으며 온갖 험한 꼴을 당하였으니까요. 그런데 저의 예상과 달리 누구도 이의를 제기하지 않았고, 결정문은 그대로 확정이 되었습니다. 두 여인이 모두 저의 속마음을 읽어준 것일까요.

딸과 함께 둘이서 살아갈 아내에게 앞으로 다가올 세상은 좀 더 따뜻한 곳이기를 기도합니다.

이혼의 정석

또 다른 드라마 한 편에 대한 이야기를 해볼까 합니다.

「닥터 차정숙」이란 드라마를 보셨습니까? '20년 차 가정주부에서 1년차 레지던트가 된 차정숙의 찢어진 인생 봉합기를 그린 드라마'라고 소개되고 있습니다.

장래가 촉망되던 의대생에서 가정주부가 된 차정숙. 차정숙과 사이에 딸을 두고 있음에도 동료이자 의대 동기인 첫사랑과 불륜을 이어오며 혼외자(딸)까지 둔 대학병원 외과 교수인 남편 서인호. 그들 사이에서 상처받고 있는 두 딸. 이혼을 결심한 차정숙은 건강이 다시 악화되며 또다시 간이식을 받아야 하는 상황. 차정숙의 주치의이자 그녀를 향한 마음을 키워가는 로이킴.

최종회에서는 남편 서인호로부터 간이식을 받는 차정숙의 이야기가 그려졌습니다. 서인호와 로이킴이 서로 자신의 간을 주겠다고 나서고, 서인호는 이혼서류를 건네며 차정숙을 설득합니다.

"이혼해줄 테니까, 구질구질하게 붙잡지 않을 테니까 수술 받아. 내가 한 잘못들 이렇게 참회할 수 있게 해줘. 나하고는 헤어지더라도 가끔은 아이들 엄마로 보고 싶어."

서인호의 진심을 들은 차정숙은 그의 간을 이식받기로 결정했습니다. 이후 진행된 협의이혼.

서인호는 "나 만나지 않았으면 훨씬 더 빨리 자리 잡을 수 있었을 텐데"라고 미안해하면서도 "그동안 고마웠다. 내 아내로, 아이들 엄마로 당신 부족한 사람 아니었다"는 복잡한 감정을 전했습니다. 차정숙 또한 "나도 나쁜 기억만 있는 건 아니었다. 좋은 기억도 많았다. 잘 지내"라며 악수를 건넵니다. 뒤이어 가슴 설레는 로이킴의 고백이 이어집니다. 차정숙이 로이킴에게 자신한테 간이식 해주겠다고 한 마음 평생 잊지 않겠다며 고마움을 표하자, 로이킴은 '자신을 평생 옆에 두는 것이 평생 잊지 않을 방법'이라며 그녀를 향한 자신의 마음을 무겁지도 가볍지도 않게 담담히 전했습니다.

드라마를 보던 저 또한 어찌나 설레던지요. 그런데 설렘은 설렘이지만 왠지 여기에서 '차정숙은 로이킴과 결혼하여 행복하게 잘 살았습니다'라고 결론이 나면 너무 식상할 것 같았습니다. 그렇지만 그 진부한 결말 외에 머릿속에 마땅히 다른 멋진 대안이 떠오르지 않으니 그저 그렇게 되겠거니 하고 있던 찰나에 나오는 차정숙의 대사는 제 가슴속에 찌릿한 감동을 쏟아부었습니다.

차정숙은 예의 바르게 그를 거절합니다. 자신을 위해 내어준 그 마음이 봄날의 햇살처럼 눈이 부시지만, 자신은 그 봄날의 햇살만 바라보고 살기엔 조금 지친 것 같다, 이제는 그냥 평범한 하루하루의 일상이 자신한테는 소중하다고 말합니다. 그러면서 그녀는 그가 자신 같은 사람 말고 모든 면에서 그와 잘 어울리는 그런 여자를 만나서 결혼도 하고 신혼생활도 즐기고 아이도 한두 명쯤 낳아서 지지고 볶고 살다가 보기 좋게 늙어가면 좋을 것 같다고 진심을 전하며 로이킴의 마음을 거절합니다.

이 드라마가 자신의 인생을 멋지게 되찾은 우리의 차정숙씨가 잘생긴 연하남자와의 뻔한 러브스토리로 끝나지 않아 좋았습니다. 왜냐하면 소설과 영화, 드라마는 '그래서 그들은 행복하게 잘 살았습니다'로 끝을 맺고, 우리는 그것을 당연한 해피엔딩으로 받아들이고 있지만, 현실은 그렇게 드라마처럼 끝나지 않는 경우가 더 많기 때문입니다.

가정법원 판사인 제가 쓰는 차정숙과 로이킴의 재혼 이후의 삶에 대한 현실 시나리오는 이렇습니다. 차정숙의 자녀들은 엄마보다 10살이나 어린 로이킴이 못마땅하고, 아빠로 받아들이기를 거부합니다. 당연히 관계가 서먹서먹하고 별로 좋지 않습니다. 차정숙은 나이 들어가고 간기능도 다시 쇠약해져 몸이 힘들어지는데, 멋진

중년이 된 로이킴은 병원에서 뭇 여성들의 관심을 한 몸에 받습니다. 한번 남편의 외도를 겪었던 그녀는 이런 모든 상황을 의심의 눈초리로 바라보기 시작하고, 그의 일거수일투족에 신경이 쓰입니다. 처음에는 그런 아내를 이해하고 모든 상황을 친절히 설명하여 주던 그도 시간이 지나면서 점점 지쳐갔고 아내가 의부증이 있다고 여기게 됩니다. 차정숙의 나이와 건강을 생각하여 2세를 갖지 않았던 그들은, 시간이 흐를수록 의심과 원망만 남는 빈껍데기와 같은 관계가 되어버립니다. 참 우울하지만 사무실에 앉아서 사건을 통해 보는 현실 시나리오들은 늘상 이렇게 끝을 맺습니다.

'연애 끝!! 결혼 시작!!'으로 해피엔딩이 되는 드라마와 달리, 현실에서는 '결혼지옥'의 시작일 수 있습니다. 그렇기 때문에 행복한 부부관계로 지내기 위해서는 끊임없는 연습과 노력이 필요합니다. 특히 이혼 후 재혼의 경우에는 더욱 그러합니다.

그로부터 3년 후. 차정숙은 전문의 자격증을 취득하고 자신의 이름으로 가정의학과 병원을 개원합니다. 여전히 청춘인 49세의 차정숙은 눈부신 햇살을 맞으며 이렇게 말합니다.

"살아있는 모든 것을 보는 것에 감사합니다. 그래서 이 순간 이대로 행복하다고 믿습니다. 백세 시대에 오십이면 청춘이지."

누군가를 만날 수도 있고, 헤어질 수도 있으며, 다시 또 다른 누군가를 만날 수도 있습니다. 그렇지만 그것이 현실도피의 방편이어서는 안 됩니다. 외로워서, 나한테 잘해주니까, 이만한 사람이 없어서여서도 안 됩니다. 나한테 경제적으로 아끼지 않으니까도 안 됩니다. 누군가를 만나 행복해지고 싶다고 결혼하면 안 됩니다. 내가 내 자신을 행복하게 만들 수 없는데, 어느 누가 나를 행복하게 해줄 수 있을까요?

누군가를 만나기 가장 좋은 때는 차정숙이 말한 바로 그때, 이 순간 이대로 행복하다고 믿는 그 시간입니다. 그렇게 행복한 시간을 보내고 있는 그 순간에 내 마음속에 들어온 사람이라면 실패하지 않을 가능성이 높습니다. 그래야 같은 실수를 반복하지 않습니다.

괜찮습니다. 많이 아팠던 50세 청춘들. 조금 일찍 돌아온 30, 40세 청년들. 이제 시작인걸요. 먼저 두 팔로 자기 자신을 안고 보듬어 주세요.

나를 가장 잘 아는 것은 나입니다. 내 마음의 소리에 귀 기울여 주고 스스로를 많이 아껴주고 사랑해주고 행복하게 만들어주세요.

엄마의 비밀

3학년 여자아이가 파출소 문을 열고 쭈뼛쭈뼛 걸어 들어옵니다.

"아빠가 있는 집에 들어가기가 무서워요. 아빠가 집에 오면 혼낼 거래요."

동생의 전화를 받고 잠시 후 5학년 오빠도 파출소로 들어옵니다.

"아빠는 제가 방을 어질렀을 때 양손에 책을 여러 권 들게 해서 벌 세우고 영어단어 한 개만 틀려도 쇠파이프로 때렸어요. 엄마 아빠가 이혼하면서 엄마와 외할머니랑 살았는데, 엄마가 다른 아저씨와 재혼하면서부터 아빠랑 살게 되었어요. 그때 아빠가 2주에 한 번씩은 엄마와 만나게 해준다고 약속했는데, 세 달 동안 엄마를 한 번도 만나지 못했어요. 엄마가 너무 보고 싶어요."

남매는 엉엉 소리 내어 웁니다. 아동학대 사건으로 즉시 접수되었고, 임시보호명령에 의해 아이들과 아버지는 곧바로 분리되어 아이들은 외할머니 집으로 보내졌습니다.

기록 속에 아이들의 아버지가 써낸 진술서가 보입니다. 솔직히 어떤 변명이 쓰여 있을지 별로 궁금하지도 않았습니다. 아동학대자들의 변명은 거의 대동소이하기 때문입니다. 아이를 훈육하기 위한 어쩔 수 없는 선택이었지, 자기는 절대 아동학대를 한 것이 아니라고 항변합니다. 아이들의 멍든 팔, 다리, 엉덩이 사진을 보노라면 태형(笞刑)이 부활되었으면 좋겠다는 생각이 머리를 스칩니다. 그럼에도 불구하고 당사자들이 낸 서면과 자료를 그냥 넘길 수는 없는 것이 판사의 숙명이니, 어떤 변명을 하는지 어디 읽어나 보자라는 심정으로 영혼 없이 글을 읽어 내려갔습니다.

아이들의 친모와 2011년 혼인했다가 2015년 이혼소송을 했습니다. 아이들이 어려 친권자 및 양육자를 전처로 지정하기로 합의하면서 조정으로 재판을 마쳤습니다. 이후 꾸준히 면접교섭하고 양육비를 지급하면서 살다가 2017년에 아이들 때문에 재결합했지만, 1년이 채 되지 않아 전처와 다시 갈등이 시작되었습니다. 다시 자녀들을 외할머니 집으로 보내고 별거하게 되었고, 저는 2주에 한 번씩 자녀들을 면접교섭하며 생활했습니다.

그런데 2019년 말에 아들이 혹한에도 겉옷 없이 셔츠 한 장만 입고 있고, 딸은 찌든 때로 얼룩진 패딩 점퍼를 입고 있는 것을 발견했습니다. 알고 보니 전처는 아이들의 양육은 내팽겨치고 어처구니없게도 유부남과 사귀며 재혼을 준비하고 있었습니다.

며칠 후 아이들의 방과후 선생님으로부터 더 청천벽력과 같은 이야기를 들었습니다. 방과후 선생님과 전처, 전처와 사귀는 유부남의 아내가 모두 친구 사이라는 것이었습니다. 더욱 경악할 만한 사실은 전처의 재혼 상대방이 유부남이라는 것도 모자라 1990년경에 살인죄를 저질러 징역 15년을 복역했고, 출소한 지 얼마 되지 않아 여중생 두 명을 성폭행하여 다시 6년을 감방에서 살다 나온 사람이라는 것이었습니다. 그러면서 자녀들, 특히 딸을 절대로 만나게 하지 말라는 충격적인 조언을 들었습니다.

정신이 아득해졌습니다. 바로 전처에게 연락하여 재혼상대방에 대하여 모든 사실을 알고 있음을 알렸고, 강력하게 위험성을 경고했습니다. 그러자 전처는 아이들의 외할머니, 즉 자기 엄마에게 재혼남의 비밀을 말하지 않는 조건으로 아이들의 양육권을 저에게 넘겨주기로 약속했고, 그렇게 2020년부터 아이들과 함께 살게 되었습니다.

전처가 너무나도 원망스러웠지만, 아직 어린 자녀들이 면접교섭일 외에도 엄마가 보고 싶다고 하면 언세든지 만날 수 있도록 최대한 노력했습니다. 전처는 두 자녀의 양육비를 한 푼도 준 적이 없지만 저는 그저 자녀들의 행복을 바라는 마음에 양육에만 집중하려고 노력했고, 전처에게는 '면접교섭 때 자녀들이 재혼남과 만나게 하지 말 것'이라는 약속 한 가지만 지켜주기를 바랐습니다.

그런데 2021년 말에 엄마와 면접교섭을 하고 돌아온 딸이 "나는 싫은데 그 삼촌이 자꾸 뽀뽀했어"라는 말을 했습니다. 저는 너무나도 놀라서 전처에게 화를 내며 따져 물었습니다. "그 사람이 애들 죽이나?"라는 전처의 답변에 저는 내 아이들을 범죄자로부터 보호하기 위하여 어쩔 수 없이 그때부터 아이들과 엄마를 만나지 못하게 막았습니다.

아들에게 엄마를 만나지 못하는 이유를 나중에 더 크게 되면 알려주겠다고 했으나, 아들은 오히려 저에게 "아빠가 엄마를 폭행했잖아. 엄마한테 다 들어서 알고 있어"라며 제 말을 모두 외면했습니다. 그 후 아이들이 몰래 엄마를 만난다는 사실을 알고 있었지만, 그조차 말릴 수는 없어 모르는 척하고 지냈습니다.

아이들이 친모와 살면서 제대로 보호받지 못하고 방치되어 휴대폰 게임에 중독되어 있길래 이것을 바로 잡는 과정에서 매를 딱 한 번 들었습니다. 매는 쇠막대기가 아니라 속이 빈 조그맣고 얇은 선반받침대입니다. 딸이 저를 신고한 그날은 학원에서 딸이 무단결석했다는 연락이 와서 딸에게 전화해 "집에 오면 혼날 줄 알어"라고 아빠가 화났음을 알린 것뿐인데, 그 뒤로 아이들과 연락이 되지 않았습니다. 저는 너무나 걱정되는 마음에 경찰서에 신고를 하러 갔다가 오히려 제가 아동학대로 신고된 사실을 알게 되었습니다.

그 한번 이외에는 아이들을 결코 체벌한 적이 없고 최근까지도 아이들과 친밀하게 지내왔는데 갑자기 이렇게 아동학대로 신고가 된 것은 아이들의 친모가 아이들에게 신고하라고 부추긴 것이 아닐까 싶습니다.

돌이켜 생각해보면 아이들이 엄마를 만나지 못하도록 한 것이 지금 가장 후회가 됩니다. 아이들은 다시는 엄마를 만나지 못하게 될까봐 두려운 마음에 지금 과장된 진술을 하는 것으로 보입니다. 아이들의 안전과 특히 딸을 지킨다는 이유로, 혼자만의 판단으로 자녀들을 친모와 면접교섭하지 못하게 한 것을 정말 잘못했다고 생각하고 있고 앞으로 절대 그렇게 하지 않을 것을 다짐하고 있습니다. 아이들이 저로 인해 고통 받고 슬펐다면 행동을 고치고 오직 아이들이 행복하게 살 수 있도록 노력할 것입니다. 또 처음에는 훈육을 위한 체벌이었다고 생각했으나 여러 정보를 통해 아동학대를 했음을 알게 되었습니다. 변명할 생각도 없고 처벌을 받아야 한다면 달게 받겠습니다. 그러니 아이들을 다시 저에게 보내주시길 원하고, 만약 그게 안 된다면 아이들이 범죄자인 그자와 함께 생활하지 않도록 외조모와 지낼 수 있도록 해주시기를 간절히 바랍니다.

진술서가 참으로 답답했습니다. 덧붙여 낸 아이들의 일기장, 수십 명의 탄원서, 아이들과 주고받은 카카오톡 내용들을 통해 아빠는 성실하게 최선을 다해 자녀들을 양육하고 있던 중이라는 사실을 확인할 수 있었습니다.

실제로 엄마와 재혼한 그 남자는 아주 위험한 사람이었습니다. 강도를 저지르다 사람을 죽게 만들었고, 장기간 복역하고 출소한 지 얼마 지나지 않아 옥탑방에 침범하여 여중생 두 명을 강간하여 상처를 입게 만들었습니다. 엄마와 재혼한 이후 그 짧은 시간 동안에도 가정폭력으로 3번이나 신고되었고, 상해로 가정법원에서 보호처분을 받기도 하였습니다.

상황이 이와 같은데도 엄마는 그가 매우 자상하고 가정적인 사람이며 아이들을 좋아한다고 말합니다. 가정폭력으로 경찰에 신고한 것은 부부싸움 중에 격해져서 홧김에 한 것이지, 실제 폭력은 없었다는 믿기 어려운 진술도 덧붙입니다. 그리고는 법원에 친권자 및 양육자를 다시 자신으로 변경해 달라는 소송을 제기했습니다. 엄마는 도대체 왜 이런 지옥을 살고 있고, 자신의 아이들마저도 끌어들여 그 지옥을 경험하게 하려는 것일까요?

가사조사명령을 했습니다. 조사관의 보고서를 보니 가슴이 더욱 답답해졌습니다. 마치 엄마의 입장을 반영하여 설명하는 듯 아이들은 앵무새처럼 준비해온 자료만을 읊었습니다. 엄마의 개입가능성과 아이들의 충성가능성이 엿보입니다. 아빠는 손까지 떨며 매우 긴장된 모습을 보였고, 훈육을 위한 체벌이었다고 생각했지만, 아이들이 힘들었을 것 같다며 눈물을 흘리며 반성했습니다.

아이들은 이렇게 말합니다.

"2020년까지 엄마와 외할머니와 잘 지내고 있었는데, 엄마가 재혼한다고 하자 갑자기 아빠가 우리들을 데려 가버려서 그때부터 아빠에 대한 감정이 사실 좋지 않았어요. 2022년부터 아빠가 엄마에게 연락하지 말라고 했고 우리를 감시했어요. 다시 아빠에게 돌아간다면 엄마 편을 들었다는 이유로 혼낼 것이 분명하고 아빠와 살 바엔 죽을 거예요. 아빠는 감옥에 갔으면 좋겠어요. 절대 아빠에게 돌아가기 싫고, 엄마와 동생과 삼촌(엄마의 재혼남)과 살고 싶어요. 삼촌은 지금까지 한번 만나 봤는데 잘 놀아주고 맛있는 것도 사주고 아빠보다 완벽해 보였어요."

아… 기록의 마지막 장을 덮으며 나도 모르게 깊은 탄식이 새어 나왔습니다. 기록 전체를 보았을 때 엄마가 아이들을 데려오려는 목적은 그저 양육비를 지급받기 위한 것임이 다분히 보였습니다. '대체 무슨 엄마가 이래? 엄마가 어쩜 이럴 수가 있을까?'라는 생각이 머릿속을 떠나지 않습니다.

아이들이 알지 못하는 엄마의 이 비밀을, 아이들을 지키고픈 아빠의 그 마음을 언제쯤 아이들은 이해할 수 있게 될까요? 먼 훗날 사실을 알게 된 아이들이 엄마로부터 받게 될 상처는 얼마나 깊고 아플지…. 어떻게 치유할 수 있을 것인지… 치유될 수나 있을지….

엄마,

당신이 열 달을 품고 극심한 산고로 몸부림치다 푸르르 떨릴 즈음에 푸드득 이 세상에 내어놓은 그 여린 것들 그냥 아빠랑 살게 놔두지. 정기적으로 만나 이뻐해 주고 온 마음으로 사랑해줘서 그래서 엄마에 대한 고마움과 애틋함과 사랑만 가슴에 품고 살게 해주지. 그렇게 살게 좀 놓아두지.

오늘 밤도 헤어나기 어려운 상념에 빠져 쉬이 잠들긴 어려울 듯싶습니다.

이행명령

이행명령이란 판결 등에 의하여 금전의 지급 등 재산상 의무를 이행해야 할 사람이 정당한 이유 없이 이행하지 않는 경우 그 의무를 이행할 것을 명하는 것입니다. 주로 자녀 양육비를 지급하지 않는 비양육자에게 양육비를 지급하라는 이행명령을 많이 하고 있습니다. 이행명령을 받고도 다시 정당한 이유 없이 이행하지 않으면 과태료, 감치처분까지 할 수 있습니다.

이행명령의 피신청인들은 대부분 오랫동안 실직한 상태로 현재 직장이 없고 경제적으로 너무 힘들다고 읍소합니다. 제 한 몸 먹고 살기도 힘들다고 그리 우는 소리를 하지만, 그러면 애 키우는 사람은 얼마나 더 힘들까요? 지 살기 힘들다고 자기 애 키우는 사람에게 양육비도 안 주는 나쁜 인간들이 참 많습니다. 그래서 특별한 사유가 있지 않으면 이행명령은 대부분 인용결정이 됩니다.

그날도 이행명령 결정문을 쓰기 위해, 더 정확히 표현하면, 인용결정을 쓰기 위해 기록을 살펴보기 시작했습니다.

피신청인(아이 아빠)은 실직해서 돈이 없다고 합니다. 양육비 안 주는 자들의 뻔한 레퍼토리가 또 시작됩니다. 아무리 척 보면 다 아는 레퍼토리라 하더라도 당사자가 제출한 서면을 읽지 않고 결정을 한다는 것은 있을 수 없는 일이기에 또 꾸역꾸역 기록을 읽어 나갑니다. 그런데 기록을 더 읽어 내려가다 보니 뭔가 서늘한 느낌의 내용이 나옵니다. 신청인(아이 엄마)과는 재혼이고 전처와 사이에 자녀가 2명 있었는데, 새로 재혼한 이 여자가 아이들을 학대해서 감옥에도 갔다 오고 어쩌고 저쩌고….

이건 뭔 소린가 싶어 신청인의 주민번호를 넣고 형사사건 검색을 해보았습니다.

그런데 세상에…. 그 여자가 2000년 이 남자와 혼인한 뒤 전처소생인 당시 7세 쌍둥이 남매에게 자행한 짓거리들을 보고 경악을 금치 못했습니다. 일회용 라이터로 아이의 입술 부분을 지지고, 집 안에 있던 몽둥이(길이 60센치, 두께 4센치)로 얼굴 등을 수회 때리고, 부엌칼로 배 부분을 그어 자상을 가했습니다. 의자를 집어 들어 머리를 내리치고, 밤새도록 천장을 바라보며 움직이지 말고 서 있도록 하여 잠을 재우지 않았습니다. 보기 싫다, 거짓말을 한다, 행동이 느리다, 뉴스를 보고 잘 알아듣지 못한다, 연고를 찾아오라고 했으나 계모를 무서워하여 친구 집에서 잠을 자고 왔다는 이유로 말입니다.

1심에서 징역 3년을 선고받았습니다.

'에게, 겨우 3년?'이란 생각이 들 수 있겠지만, 지금과 달리 2003년경에는 아동학대에 대한 사회 전반적인 인식이 그리 높지 않았고, 법원 역시 양형 기준이 그렇게 높지 않았던 때였습니다. 그런 시기에 이 정도의 형이 나왔다는 것은 죄질이 그만큼 나빴다는 것을 추단할 수 있습니다. 지금의 시선에서 봤을 때는 이해할 수 없는 양형이지만, 그래도 이만큼이라도 나왔으니 그나마 다행이라고 겨우 아픈 마음을 달래었습니다.

당연히 여자는 항소했습니다. 그런데 항소심에서 원심이 파기되고 징역 2년에 집행유예 3년, 사회봉사 120시간이 선고되었습니다. 피고인은 초혼이고 재혼인 남자와 혼인하여 전처소생 피해자들을 양육하는 과정에서 저지른 범죄이므로 동기에 일부 참작할 사정이 있고, 상해 정도가 비교적 경미하며, 항소심에서 피해자들의 친권자인 남자와 원만히 합의하고 그 남자와 협의이혼할 예정인 점이 참작사유로 기재되어 있었습니다.

아… 다시 마음이 무너져 내렸습니다. 그런데 더욱 가관인 것은 이 남자가 2004년에 이 여자와 다시 혼인신고를 하고, 2005년에 애를 하나 낳았습니다. 그리고 2009년에 또 이혼했습니다. 그 사이에 저 불쌍한 남매는 어디에서 어떤 모양으로 살아갔을까요.

이 여자가 2015년에 양육비심판청구를 했고, 매달 30만 원씩 지급받는 것으로 조정이 성립되었습니다. 그런데 미지급한 양육비 359만 원이 있으니 이것을 내어놓으라는 것이 지금 내 앞에 있는 이행명령 사건이었습니다. 남자는 실직 중임에도 총 1,610만 원의 양육비 중 1,215만 원을 지급했던 것입니다.

어미가 나쁜 년이지 애가 무슨 죄가 있겠냐 싶다가도, 2000년부터 2002년까지 이 여자로부터 학대받으며 죽음과 같은 고통 속에서 억겁 같은 시간을 살아 내었을 두 꼬맹이가 제 마음을 부둥켜 잡고 떠나질 않습니다.

'두 아이의 인생은 그렇게 망쳐놓고 무슨 낯짝으로 이따위 신청을 하니, 그렇게 소중한 니 새끼는 니가 벌어 키워라'라고 결정문에 쓰고 싶었지만, 차마 그러지는 못했습니다.

피신청인이 2019년부터 현재까지 실직 상태가 계속되고 있고, 그럼에도 꾸준히 양육비를 지급했으며 미지급한 양육비가 그리 크지 않은 점을 들며 점잖은 기각결정문을 작성했습니다. 법정에서 형편이 나아지면 자기가 낳은 아이는 책임지고 양육비를 지급하겠다고 진술하는 피신청인의 태도로 보아 영 입발린 소리로만 들리지는 않았습니다.

늘 일사천리로 써지던 이행결정문과 달리 이 사건의 기각결정문은 잘 써지지가 않아 용을 쓰고 있었습니다. 마음이 힘드니 법리도,

적절한 문구도 머리에 떠오르지 않고 희뿌연 안개 속을 부유합니다. 퇴근 시간을 훌쩍 지나서까지 낑낑거리고 있으려니 7살 막둥이가 엄마 안 오냐며 득달같이 전화를 해댑니다.

아들의 전화에 얼른 정신을 챙기고 일을 마무리한 뒤 집으로 향했습니다. 집으로 들어서는 나를 향해 엄마 왔다고 폴짝폴짝 뛰는 7살 아들을 보니 눈물이 났습니다. 내 앞의 7살 아이는 이렇게 엄마를 향해 행복해하며 온몸으로 웃고 있는데, 그 기록 속의 7살 꼬맹이들, 계모의 악마 같은 짓거리를 온몸으로 받아내야만 했던 솜털같이 연약했을 그 아이들이 생각나 나도 모르게 눈물이 주르륵 흘러내렸습니다.

아이는 엄마의 눈물에 깜짝 놀라 "엄마 왜 그래?"라며 고사리 같은 손으로 눈물을 훔쳐 줍니다.

"응… 엄마가 참 미안한 사람들이 있어서 그래."

"왜? 엄마가 뭘 잘못했어?"

"그런 거 같애."

"그래? 그럼 엄마가 미안하다고 얼른 사과해."

아이는 보석같이 빛나는 눈빛과 진지한 표정으로 조언을 해주었습니다.

"그래. 그래야겠다."

아이를 있는 힘껏 껴안아 주었습니다. 그날 밤도 쉽게 잠을 이루지 못했습니다.

PS. 2021년 9월 6일 일기장에 썼던 글입니다. 세 아이를 키우는 엄마로서 흥분이 가시지 않은 상태의 일기라 정제되지 못한 부분들이 있습니다. 그렇지만 그날의 제 심정을 그대로 전하고파서 수정하지 않고 기재하였습니다.

계모의 악랄한 짓에도 분노했지만, 사실 그 아이들에게는 다른 측면에서 더 미안했습니다. 아이들은 결코 용서하지 않았을 계모를 아버지가 용서했다는 이유로 집행유예로 풀어준 항소심 판결에 대해 판사로서 참 미안했습니다. 그렇다고 내가 그때 그 사건을 담당했다면 결론이 달라졌을 것이라고 생각하지는 않습니다. 그때는 그게 최선이었고, 재판부에서도 최선을 다해 그 사건을 심리하였을 것이라고 생각합니다.

그냥 한 어른으로서, 한 판사로서 우리 막내의 조언대로 아이들에게 사과하고 싶었습니다.

얘들아, 정말 미안하구나….

5월의 어느 강물 위 반짝이는 윤슬보다 더 반짝였을 7살의 너희들. 그때의 너희들을 지켜주지 못해 어른으로서 미안하고, 그때 너희들의 아픔까지 헤아려 주지 못해 판사로서 정말 정말 미안하구나. 지금쯤 20대 초중반이 되어 있을 너희들의 인생이 조금은 편안해졌기를 기도해.

이 사건 때문에 수일을 힘들어하던 저에게 해주신 모 판사님의 말씀이 기억납니다. 아이들의 희생과 여러 분들의 헌신이 있어서 겨우겨우 여기까지 왔고 앞으로도 갈 길이 멀지만, 하루에 1밀리라도 나아지고 있다고 믿으며 살고 싶다는 말씀.

정말 그렇게 믿고 싶습니다. 매일매일 1밀리씩 나아지고 있는 중이라구요.

큰 위로가 되었던 정세랑 작가의 『피프티피플』에 나오는 어느 노(老) 의사 교수님의 말씀으로 끝을 맺을까 합니다.

"우리가 하는 일은 돌을 멀리 던지는 거라고 생각합시다. 어떻게든 한껏 멀리. 개개인은 착각을 하지요. 같은 위치에서 던지고 사람의 능력이란 고만고만하기 때문에 돌이 멀리 나가지 않는다고요. 그런데 사실은 같은 위치에서 던지고 있는 게 아닙니다. 시대란 게, 세대란 게 있기 때문입니다. 당신은 시작선에서 던지고 있는 게 아니에요. 내 세대와 우리의 중간 세대가 던지고 던져서 그 돌이 떨어진 지점에서 다시 주워 던지고 있는 겁니다. 이해합니까? 40년 후에 내 나이가 되어 돌아본다면 돌은 멀리 갔을 겁니다. 그리고 그 돌이 떨어진 풀숲을 당신의 다음 사람이 뒤져 또 던질 겁니다. 당신이 던질 수 없던 거리까지. 아무리 젊어도 그 다음 세대는 옵니다. 어차피 우리는 다 징검다리일 뿐이에요. 그러니까 하는 데까지만 하면 돼요. 후회 없이."

엄마가 우리를 버렸잖아요

그들은 2016년 중순경 협의이혼했고, 11세(남), 9세(남녀 쌍둥이) 3명의 자녀가 있었습니다. 아이들은 남편이 재혼한 아내와 함께 키우고 있는데, 아이들을 보여주지 않는다며 엄마가 이행명령을 신청했습니다(앞에서 봤듯이 이행명령은 주로 양육비 지급 청구를 위해 많이 쓰이는 제도이나 면접교섭의무가 있는 양육친이 아이와의 면접교섭을 방해하거나 면접교섭에 협조하지 않을 때 비양육친은 법원에 면접교섭 이행명령을 청구할 수 있습니다).

남편은 아이들이 엄마를 절대 보고 싶어 하지 않는다면서 이행명령 신청을 기각해달라고 합니다. 심문기일에 남편과 9살 쌍둥이 중 딸이 출석했습니다. 딸은 엄마를 보고도 못 본 체하며 아빠 옆에 찰싹 달라붙어 있습니다.

"아이들이 모두 엄마와 면접교섭하는 것을 너무 싫어했습니다. 그런데 이행명령신청이 들어와서 아이들을 겨우 설득했고, 아들들은 현재 엄마와 만나고 있습니다. 그런데 딸은 절대로 엄마를 보지 않겠다고 해서 면접교섭을 못했습니다. 아이가 엄마를 안 만나고 싶다고 판사님께 직접 말씀드리겠다고 해서 같이 나왔습니다."

남편의 격앙된 목소리에 딸의 작은 어깨가 움찔하는 모습이 눈에 들어옵니다. 엄마에게 자녀들과 면접교섭을 했는지 물어보니, 엄마는 눈시울을 붉히며 이행명령 신청 후에 처음으로 아들들을 만났고, 딸과도 면접교섭을 꼭 하고 싶다며 떨리는 목소리로 답합니다. 법정에 출석하여 얼어붙은 듯이 잔뜩 어깨를 움츠리고 앉아있는 아이에게 미소를 지어 보이며 물었습니다.

"유진아, 안녕? 오늘 학교 잘 다녀왔니?"

아이는 보일 듯 말 듯 고개만 겨우 끄덕입니다.

"안 그래도 판사님이 유진이 만나고 싶었어. 아빠는 유진이가 엄마를 만나도 괜찮다고 했다는데, 유진이가 계속 엄마 보기 싫다고 한다면서? 판사님이 그 이유가 너무 궁금해서 말이야."

"그냥요…. 보기 싫어요…."

거보란 듯이 기세등등한 남편의 얼굴이 눈에 확 들어옵니다. 아이가 싫다는데 다른 말 할 것이 뭐가 있느냐, 빨리 재판을 마쳐달라는 싸늘한 눈빛을 쏘아댑니다. 그러나 절대 그렇게 쉽게 재판을 마칠 수는 없는 노릇이지요. 아들들과 달리 딸만 계속적으로 엄마와의 면접교섭을 강력하게 거부하고 있어, 딸에 대해서는 아동상담이 꼭 필요한 사건으로 보여지므로 조정조치명령을 실시하겠다고 고지했습니다.

남편은 거북한 얼굴로 마지못해 알겠다고 응답합니다.

"제가 지금 법정에서 보니 유진이가 엄마를 만나고 싶지 않다고 분명히 말하고 있기는 하네요. 저도 잘 알겠습니다. 그런데 현식 씨, 현식 씨는 엄마를 생각하면 어떤 기분이 드나요? 죽어도 만나고 싶지 않은, 내 기억 속에서 영원히 없애버리고 싶은 존재인가요?"

불만 가득한 남편은 우물쭈물하며 대답을 하지 못합니다.

"유진이가 지금 저렇게 엄마를 보기 싫다고 강력하게 거부하는 것은, 우리가 엄마에 대해 가진 일반적이고 보편적인 감정에 비추어 본다면 정상적인 감정상태라고 보기는 어렵습니다. 새엄마가 아이를 사랑으로 잘 키워주셔서 아이가 이럴 수 있다고 생각합니다. 그렇다면 새엄마가 참 훌륭한 분이신 것 같아요. 설사 그렇다고 하더라도 유진이가 낳아준 엄마를 무조건적으로 거부하며 밀어내는 것은 아이의 건강한 성장을 위해 바람직하지 않습니다. 그래서 이 사건은 아동상담 조정조치가 반드시 필요합니다. 현식 씨가 지금 애쓰며 세 아이를 사랑으로 잘 양육하고 있고 아이들을 누구보다도 사랑하고 계시니 제 말씀을 잘 이해하셨을 것이라 믿고, 유진이가 정서적으로 어려움 없이 잘 자랄 수 있도록 협조해 주시리라 믿습니다."

곧이어 얼어붙어 그림처럼 박제되어 있는 아이에게 말했습니다.

"유진아, 판사님이 유진이의 마음을 정확하게 말할 수 있는 시간을 줄 테니까 상담선생님 만나서 하고 싶은 이야기 있으면 다 하도록 하자. 기회가 되면 엄마와 만나는 시간을 가져도 볼 건데, 괜찮겠니?"

아이는 아빠 얼굴을 쳐다보더니 여전히 대답 없이 희미하게 고개만 끄덕입니다.

아이는 8회기의 상담 중 5회기에 걸쳐 엄마를 만났습니다. 상담 내내 아이는 엄마를 '예전 엄마'라 호칭했고, 현재 같이 살고 있는 계모를 '엄마'라 불렀습니다.

엄마: 유진아 많이 보고 싶었어.

아이: (눈물을 흘리며) 싫어요. 아빠가 우리들을 앉혀놓고 다 말해줬어요. 예전 엄마가 우리들을 보육원에 버리려고 했다고요.

엄마: 난 너희를 버린 것이 아니야. 너희를 얼마나 사랑하는데…. 엄마가 아빠랑 헤어지면서 살 집이 없어서 집을 마련할 때까지 너희들을 잠시만 보육원에 맡겨두려고 했던 것이야.

아이: 난 아빠 말을 믿어요. 예전 엄마의 말을 믿을 수 없어요.

그림검사를 통해 살펴본 아이의 심리상태는 암울했습니다. 아이는 입술로는 현재 아주 행복하다고 하지만, 심리적으로 불안과 억

압이 내재되어 있고, 예전 엄마에 대한 분노와 미움, 배신감이 있지만 내면 깊숙한 곳에는 그리움이 숨어 있었습니다. 여러 회기를 걸쳐 엄마를 만나는 동안 처음에는 거리를 두고 있다가, 게임 중 가까워지고 서로 대화를 하기도 하면서 아이는 자연스럽게 그냥 '엄마'라고 호칭을 했습니다. 그러다 흠칫 놀라며 곧 '예전 엄마'로 정정합니다. 아이는 여전히 예전 엄마와 있는 것이 불편하고 빨리 마쳤으면 좋겠다고 말하지만, 엄마 옆에 붙어 앉아서 계속 게임을 진행합니다.

남편은 개인상담 진행 중 아이의 그림검사 결과를 듣게 되었지만, 자녀에 대한 걱정보다는 상대방에 대한 불만을 토로하면서, 아이가 대기실에서 듣고 있음에도 불구하고, 아이가 들으라는 듯이 더 큰 소리로 "애 엄마가 아이들을 고아원에 버리라고 했다"며 소리를 질러버립니다. "면접교섭 신청으로 인해 잘 살고 있는 가정에 풍파를 일으킨다"며 상대방 때문에 몸과 마음이 힘들다고 목소리를 높입니다. 아빠의 격앙된 목소리를 들으며 아이의 어깨가 심하게 움츠러듭니다.

아이는 다음 회기에 다시 엄마와 거리감을 두면서 '예전 엄마'와 만나는 것이 싫다고 말합니다. 아빠 없이 엄마와 둘이서 만나는 날임에도 게임을 할 때도 의식적으로 엄마를 밀어내며 거리를 두었습니다. 그런데 한편으로는 오늘 아빠를 만나기로 약속해서 상담을 일찍 마치고 가봐야 한다고 말하면서도, 계속 엄마와 면접교섭을 이어가고 싶어 하는 행동도 보입니다. 아이가 이러지도 저러지도 못하며 힘들어하는 모습이 한눈에 들어옵니다.

엄마는 그런 아이를 바라보며 "유진이가 엄마를 보고 싶지 않으면 안 봐도 좋으니 너무 힘들어하지 말고 마음의 상처를 받지 않았으면 좋겠어. 그리고 언제든지 엄마에게 연락하고 싶을 땐 연락해도 괜찮아"라고 말하며 눈물을 흘립니다. 아이도 말없이 함께 눈물을 흘립니다.

마지막 회기에서 남편은 면접교섭과 관련해서 아이의 의사에 따르겠다고 하면서도 아이가 '예전 엄마'를 절대 만나고 싶어 하지 않음을 다시 한번 강력하게 피력했습니다.

아이는 "아빠가 엄마와 곧 결혼할 예정이고, 그래서 현재 살고 있는 엄마와 행복하게 살고 싶은데 예전 엄마가 아빠를 힘들게 하고 있어요. 그래서 예전 엄마가 더 미워요"라며 예전 엄마에게서 다시 등을 돌려 앉았습니다. 보고서 속 아이의 안타까운 모습이 파노라마처럼 펼쳐졌습니다.

아이는 아빠에게 충성심을 가지고 있고, 이혼 후 두 번째 맞이하는 새엄마이기 때문에 더 잘해야 한다는 압박감이 있었습니다. 또한 아빠는 아이에게 잘 대해주면서도 모녀 관계에 대해 무언의 강력한 두려움을 심어주고 있었습니다. 그 여린 아이의 어깨가 얼마나 무거울까요. 아빠는 좀 더 성숙하게 아이와 엄마를 만나게 해줄 수는 없는 것일까요.

남편은 아직까지 예전 아내에 대한 분노감에서 벗어나지 못하고 있는 상태였습니다. 아빠는 자녀의 생각을 지배하여 면접교섭을 하지 못하게 함으로써 마지막까지 상대방을 벌주기하고 있었습니다.

아이들은 엄마 아빠의 이혼과정에서 자연스럽게 부모 중 어느 한 쪽을 택해야 한다는 심리적 압박을 받게 됩니다. 그래서 어느 한쪽 부모와 함께 재미있게 노는 것마저도 다른 쪽 부모에 대한 배신이라고 여기며 스스로 죄의식을 가지게 되기도 합니다. 이것은 이혼과정 중에 있는 가정의 자녀들이 겪게 되는 자연스러운 심리적 반응인데, 이혼 이후에 자녀가 양육친과 교감을 하는 과정에서는 이러한 심리적 상태가 더욱 증폭되게 됩니다. 그러면서 이 사건의 유진이와 같이 아예 비양육친과 면접교섭을 포기해버리는, 이른바 부모따돌림이 나타나는 사태에까지 이르게 됩니다.

아동상담을 마치고 마지막 재판이 열린 날, 유진이는 아빠와 다시 법원에 출석했습니다. 여전히 아빠 옆에 찰싹 달라붙어 있지만, 얼굴 표정은 전보다 훨씬 밝아 보였습니다.

"유진아, 이제 판사님이 판결을 할 거야. 이것은 유진이와 엄마와의 면접교섭에 관한 것인데, 유진이가 엄마와 하는 면접교섭은 유진이의 선택사항이 아니고 법원의 결정으로 하게 되는 것이야. 법원의 결정은 반드시 지켜야 하기 때문에 유진이는 엄마와 꼭 만나야 돼. 알겠지?"

친모와 면접교섭을 하며 가지게 될 아빠에 대한 죄책감과 엄마에 대한 분노와 미움, 그 속에 꽁꽁 숨겨진 깊은 그리움의 극단적인 양가감정을 고려하여 유진이에게 엄마와의 면접교섭은 선택이 아닌 법원과의 약속임을 강조하였습니다. 법원 명령에 의해 면접교섭이 시행되는 것이라고 알림으로써 유진이에게 죄책감을 느끼지 않도록 안심시킴과 동시에, 지속적인 면접교섭을 통해 타의에 의해 생성된 엄마에 대한 부정적 감정을 반드시 해소할 필요성이 있다고 판단했기 때문입니다.

법정에서 이혼으로 인한 자신의 문제와 자녀문제를 분리하지 못하는 수많은 부부의 모습을 봅니다. 그들은 이혼과정 속에서 자신들이 겪는 어려움과 처절한 고통, 분노와 억울함을 계속적으로 판사에게 호소하지만, 자신들로 인하여 더한 지옥을 경험하고 있는 자녀들의 모습을 보지 못합니다. 자녀를 도구 삼아 상대방을 벌주려 합니다. 자신의 그 무의미한 만족감을 위해 온 우주보다 귀한 자녀의 영혼을 파괴시키고 있습니다.

어쩌면 유진이는 법원의 재판이 끝난 이후로 다시 예전 엄마 만나기를 거부하고 있을지도 모르겠습니다. 그렇지만 유진이의 가슴에, 엄마가 나를 버리지 않았다는 그 사실, 엄마가 여전히 나를 사랑하고 있고 나를 만나기 위해 온 마음을 다하여 애썼다는 그 사실이 조그만 행복의 씨앗이 되어 심어졌기를 바랍니다. 그 씨앗이 점점 자라나 혼자의 힘으로도 버틸 수 있는 나무가 되었을 그때, 유진이가 편안한 마음으로 엄마를 만날 수 있도록 주문을 적습니다.

주 문

피신청인은 신청인에게 사건본인에 대한 면접교섭 허용의무를 이행하라.

아이를 생각한다면 기다려야 할 때

비록 10살 연상이기는 하지만, 언제나 깔끔한 정복 차림의 그가 마음에 들었습니다. 그는 이혼한 전력이 있고 전처와의 사이에서 자녀 셋을 두고 있기는 했지만, 전문직이라 경제적으로 힘들게 할 일은 없었으니 아무런 문제가 되지 않았습니다.

두 사람은 하와이에서 하객 없이 둘만의 낭만적인 결혼식을 올렸습니다. 그리고 곧 둘 사이에 사랑의 결실인 아들이 태어났습니다. 그래서 둘은 행복하게 잘 살았습니다…. 이렇게 마쳐지지 않을 이야기라는 것을 지금쯤은 모두가 예상하고 있겠지요.

남편은 전부인과 혼인관계를 유지하던 때부터 모종의 한 여인과 가까이 지내고 있었습니다. 남편은 아내에게 그녀를 오래된 친구라고 설명했습니다. 아내는 남편이 계속 그 여자와 연락을 하며 지내자 그녀에게 전화하여 자신과 남자는 결혼식을 올렸고, 둘 사이에 자녀가 태어났음을 알렸습니다. 그러자 그 여인은 오히려 아내에게 자신이 오래전부터 그와 사실상 혼인생활을 지속한 사이라고 말하면서 아내에게 헤어질 것을 요구했습니다.

이 일로 아내와 남편은 계속 부부싸움을 하다 결국은 서로 쿨하게 헤어지기로 했습니다. 그러면서 아내는 자신의 경제적 상황이 여의치 않으니 남편에게 아들을 키울 것을 요구했고, 남편은 아내에게 양육비는 얼마든지 줄 것이니 아들의 양육을 맡아 달라고 간청했으나, 아내는 단칼에 이를 거절했습니다.

남편은 일하는 자신이 아들을 키울 수 없으니 오래된 여자친구에게 자신의 아들을 키워줄 것을 부탁했습니다. 그러자 여자친구는 아들을 키워주는 조건으로 혼인신고를 해줄 것을 요구했고, 마침내 당당히 그의 법률상 배우자가 되었습니다.

그 이후부터 엄마는 아들을 만나볼 수 없었고, 그 기간이 2년을 넘어가고 있었습니다. 그래서 엄마는 아이를 만날 수 있게 해달라며 법원에 도움의 손길(이행명령)을 요청했습니다.

처음 사건을 접했을 때는 아이의 행방이 걱정되고, 아이가 계모 밑에서 잘 살고 있을지 심히 염려되었습니다. 계모가 아이 아빠와 결혼하게 된 경위도 그렇고, 여러모로 걱정되는 점이 한두 가지가 아니었기 때문입니다.

아이 아빠는 법정에서 아이가 엄마를 강하게 거부해서 면접교섭이 되지 않고 있다고 강변합니다. 이 역시도 면접교섭이 이행되지 않는 대부분의 사건에서 나오는 흔한 레퍼토리입니다.

아이들이 비양육친과의 면접교섭을 강력하게 거부하는 가장 큰 이유는, 양육자가 비양육친에 대하여 부정적인 말들로 아이들을 세뇌시켜 부모따돌림증후군이 생겼거나, 또는 아이들에게 양육친에 대한 충성심, 죄책감 등의 감정이 지배하기 때문입니다. 이 사건도 그런 류의 사건이지 않을까 하는 생각이 강하게 들었습니다.

자세한 내막을 살펴보기 위하여 양육환경조사를 실시하기로 했습니다. 아빠와 계모, 아이는 다른 지방에 살고 있어서 가사조사관에게 출장조사명령을 했습니다. 얼마간의 시간이 지난 후에 올라온 조사보고서를 보고 적잖은 충격을 받았습니다.

아이는 넓은 마당과 풀장이 있는 2층집에서 살며 마음껏 뛰어놀고 있었고, 자신만의 놀이방에는 수많은 로봇과 장난감 자동차들이 질서정연하게 잘 정리되어 있었습니다. 자신의 침실이 있지만, 아이는 계모와 함께 잠을 잤습니다. 아이는 친엄마의 존재를 분명히 인지하고 있었는데, 친엄마를 '부산엄마'로, 계모를 '엄마'로 지칭하였습니다.

조사관은 아이의 표정이 너무 밝아서 좋았는데, 부산엄마의 이야기를 조금이라도 하려고 하면 표정이 굳어지고 회피를 했다고 보고 합니다. 아이가 아빠, 계모와 같이 있을 때 웃음소리가 끊이지 않고, 어린이집에서 나올 때도 바로 계모에게 달려가 안기고 떼를 쓰는 모습이 보통의 가정과 다를 바 없이 화목해 보였다며 보고서가 마무리되었습니다. 우려와 달리 아이는 너무나 좋은 주거환경에서 구김살 없이 잘 자라고 있었습니다.

충격적이었습니다. 사람의 선입견이라는 것이 얼마나 무섭고 독한 것인지…. 계모가 살아온 오랜 행적, 혼인신고 하게 된 불손한 경위, 계모에 대한 사회적 시선이 나의 사고를 얼마나 속박했었는지 깨닫게 되었습니다. 계모는 정말 최선을 다해서 아이를 잘 양육하고 있었습니다.

그렇다면 도대체 왜? 한 가지 의문이 머리를 떠나지 않았습니다. 계모나 아빠에 의해 유발된 두려움이 아니라면, 그렇다면 왜 아이는 그렇게 (부산)엄마에 대한 무서움, 회피의 감정을 가지고 있는 것일까?

엄마 아빠가 이혼하더라도 자녀는 반드시 비양육친과의 정기적이고 규칙적인 면접교섭이 이루어져야 합니다. 그것은 양육친이 재혼을 하더라도 마찬가지입니다. 어른들에게는 그것이 매우 불편하고 껄끄러운 상황이겠지만, 아이에게는 비양육친을 만나는 것이 자신의 근원적인 존재가치를 확인하는 시간이기 때문입니다. 특히나 비양육친이 엄마일 경우에는 더욱 그러할 것입니다. 우리 모두는 엄마라는 단어만 생각해도 애틋하고 가슴이 먹먹하며, 때로는 눈시울이 적셔지기도 합니다. 성인이 되어서도 그러할진대 늘 엄마가 그리울 어린아이들은 말해 무엇하겠습니까.

그런데 왜 이 5살 꼬맹이는 그토록 엄마를 무서워하는 걸까요. '왜 그렇게도 만나기를 거부하는 것인지, 혹시 계모한테 교묘하게 가스라이팅을 당하고 있는 건 아닌지' 하는 계모라는 꼬리표에 대한 질긴 선입견이 머릿속에 둥지를 틀고 여전히 떠나지를 않았습니다.

5살 아이가 엄마를 그렇게 거부한다는 것이 정상적인 상황이 아닌 것은 분명하니 이대로 사건을 마칠 수 없었습니다. 아이에 대한 심리검사를 실시했습니다. 그런데 심리검사에서도 아이는 특별한 병리적 문제를 보이지 않았습니다. 오히려 긍정적인 자기표상으로 자기존중감이 높고 환경에 대한 통제 소재도 내부에 있어 자기효능감이 잘 발휘되고 있다고 보고되었습니다.

또한 아빠와 계모는 아이와 안정되고 지지적인 애착 관계를 형성하고 있고 정서적으로 따뜻한 교감이 이루어지고 있으며, 오히려 과도한 지지표현과 감독이 있어 양육에 부정적인 영향을 줄 가능성이 있을 정도라고 합니다. 그냥 금쪽같이 귀한 늦둥이 아들을 너무 사랑해서 오냐오냐 떠받들어 키우는 엄마 아빠의 모습이었습니다. 나아가 이들의 의사소통은 일관성 있고 합리적으로 이루어지고 있어, 아이는 아빠와 계모에게 긍정적인 부모 인식을 가지고 있는 것으로 판단된다고 기재되어 있습니다. 결론적으로 아이에게 특별한 정서 및 행동상의 문제가 없고 사고와 인지 기능에서도 적응적인 기능을 유지하고 있으므로, 아이의 친모에 대한 면접거부는 어릴 적 엄마로 인한 심리적 외상에 따른 반응일 가능성이 있어 아이에게는 시간이 필요하다는 것으로 보고서가 마무리됩니다. 내 의심을 여지없이 무너뜨리는 보고서가 정말 고마웠고, 얼굴 한번 보지 못한 계모에게 많이 미안했습니다.

그런데 이제 겨우 5살 꼬맹이에게 2년 전 그 어느 날 대체 무슨 일이 있었길래, 이렇게도 엄마에게 심한 심리적 외상을 받은 것일까요. 아들 양육을 단호히 거부하던 엄마의 어느 모습이 꼬맹이의 머리에 강하게 각인된 것일까요?

오랜 시간에 걸친 조사와 심리검사 끝에 현재로서는 엄마의 면접교섭 요구를 받아들일 수 없겠다는 결론을 내리게 되었습니다. 비양육친에게 아이를 만날 수 있는 면접교섭권은 분명 그의 권리이기는 하지만, 이는 아이의 복리를 넘어서서 행사될 수는 없습니다. 한동안 아들을 만나볼 수 없을 그 엄마를 생각하니 결정문을 쓰는 내내 마음이 아팠습니다.

그러나 지금은 기다려야 할 때입니다. 시간이 지나 아들이 자라서 마음이 단단해질 때까지, 엄마를 조금은 이해해 줄 수 있을 때까지 기다려야 합니다. 그녀가 힘을 내어 잘 기다려 주었으면 좋겠습니다.

아들을 생각하며 일기를 쓰고 편지를 쓰며 기다렸다가, 다시 만나게 될 그 언젠가 아들을 향해 내가 너를 이렇게 많이 생각하고 기다렸노라고 말하며 그 흔적들을 내어놓고, 그로 인하여 아이의 상처가 회복되고 마음의 문이 열리는 그런 일들이 일어나는 장면을 상상해봅니다.

어른들은 서로를 잘 용서하지 못합니다. 그러나 아이들은 부모를 너무나 잘 용서합니다.

내 아버지를 찾아주오

안녕하십니까 판사님,

저는 1949년생 73세의 노인입니다. 나랏일을 하시느라 많이 바쁘실 텐데, 제 사건까지 보태어지게 해서 아주 미안하게 생각합니다.

처녀였던 어머니는 한 남자를 만나 알게 되었습니다. 총각이라 생각해서 만나다가 저를 임신했는데, 뒤늦게 유부남이라는 사실을 알게 되었답니다. 임신한 나를 어찌할 수가 없어서 어머니는 처자식이 있던 생부와 함께 살면서 1949년 10월에 저를 낳으셨습니다.

그러던 어느 날 저의 생부는 6·25 전쟁 발발과 함께 행방불명이 되었습니다. 어머니는 저의 출생신고도 하지 못하고 20년간을 그렇게 살다가 제가 군 복무를 하게 되면서 출생신고를 했습니다. 저는 성인이 된 후 어머니로부터 전해 들은 생부의 이름 박철수와 본가만 기억하고 있을 뿐 70년 동안 아버지의 생사 여부를 전혀 알지 못한 채 살아왔습니다.

그런데 2019년 9월 딸이 출장지 근처에 전쟁기념관이 있는 것을 보고 관광 삼아 들어갔다고 합니다. 그때 할머니로부터 할아버지가 한국전쟁 때 행방불명되었다는 이야기를 들었던 것이 기억나, 할아버지 이름을 전사자 명단에서 검색해보았답니다. 그러자 놀랍게도 거기에 할아버지의 이름 박철수가 있었고, 1950년 8월 15일 한국전쟁 참전 전사자임을 알게 되었습니다.

저는 딸로부터 이 이야기를 전해 듣고 저의 아버지가 실제로 존재했음을 인지하고 서울 현충원과 육군본부에 이름과 본가를 확인한 결과, 그분이 저의 아버지임을 확신했습니다. 딸 덕택에 나의 아버지 박철수가 이 세상에 실제로 존재했으며, 명예롭게 한국전쟁에 참전하여 나라를 위해 목숨을 잃었다는 사실을 알고, 내게도 아버지란 큰 그림자가 있었다는 것에 한동안 멍했습니다.

여태껏 살면서 아버지란 존재는 영원히 찾을 수 없을 줄만 알았는데, 그 존재를 알게 된 뒤 너무나 기쁘고 가슴이 벅찬 나머지 그간의 그리움과 설움에 눈물이 났습니다. 아버지의 존재를 알았다는 것만으로도 세상 어느 것과 바꿀 수 없는 것이지만, 이제 내 나이 73살에 아버지의 아들로 인정받고자 합니다.

저는 지난 70년 동안 어머니를 모시고 아버지의 빈자리를 채워가며 누구에게도 의지하지 않고 생모와 함께 꿋꿋하게 생활했습니다. 성인이 된 이후에도 성실하게 가정을 꾸리고 부끄럽지 않게 살아왔습니다. 그렇지만 이제 아버지 없이 사생아처럼 자란 저의 명예를 회복하고, 제 자녀들에게 나라를 위해 희생하신 할아버지의 존재와 뿌리를 찾아주고 싶습니다.

그간 살아온 인생의 힘듦과 어려움은 이루 다 말할 순 없지만, 정당하게 인정받고 평생 텅 빈 채 살아온 가슴속 아버지의 빈자리를 채워 남은 여생 당당하게 살아가고자 합니다.

솔직히 사건을 처음 접하였을 때 원고의 망상이 아닐까 생각했습니다. 자기가 전직 대통령의 숨겨둔 딸이라거나 모 대기업 총수의 숨겨둔 아들이라면서 수백억 원대의 소송을 제기하며 청와대, 국가정보원, 국가기록원, 국방부 등에 말도 안 되는 각종 증거신청을 하는 경우를 아주 가끔씩 보아왔기 때문에 이 사건도 그런 류의 사건일 수 있겠다 싶었습니다.

자기 딸이 어느 날 출장 갔다가, 우연히 들른 전쟁기념관에서, 우연히 생각난 할아버지의 이름을 검색해봤더니, 우연히 일치하는 사람이 나왔으니, 내 아버지로 인정해 달라는 내용의 소송이었으니 충분히 의심의 눈초리를 받을 만한 사건이었지요.

그러나 소송은 이미 제기되었고, 도무지 말이 안 되는 것처럼 보이는 소송일지라도 그 절차에 따라 재판은 진행되어야 합니다. 모든 국민은 재판을 받을 권리가 보장되어 있기 때문입니다.

먼저 대한민국 국방부에 사실조회를 하여 박철수의 본적을 확인할 수 있게 되었습니다. 박철수의 본적 관할 구청인 부산 **구청에 다시 사실조회를 하여 드디어 박철수의 제적등본을 받아보았습니다. 사실 원고의 국방부, 부산 **구청에 대한 사실조회신청을 채택을 하면서도 회의적인 생각이 가득했습니다. 안 그래도 처리해야 할 사건들이 산더미인데, 이런 말도 안 되는 사건에 시간과 인력을 투입하는 것이 소모적으로 여겨졌습니다.

어찌 되었든 구청으로부터 받아본 박철수의 제적등본에서 박철수는 1948년에 혼인하였고, 딸(1948년생, 1957년 사망)과 아들 박기수(1949년 10월생, 생존해 있음)를 두었음이 확인되었습니다. 처는 1954년에 사망하였습니다.

배다른 형제(박기수)의 존재를 확인한 원고는 박기수와 자신 사이에 유전자검사 신청을 했습니다. 유전자검사 신청을 채택하면서 박기수가 이 신청서를 받아보면 참 황당하겠다는 생각이 들었습니다. 본인이 태어나자마자 아버지는 돌아가셔서 얼굴도 생각이 나지 않는데, 70년 만에 뜬금없이 나타난 자가 자기와 형제라며 유전자검사를 하자고 하니 얼마나 어이가 없을까요.

어쨌든 유전자검사만 마치면 기든 아니든 이 사건 소송은 마무리되겠거니 싶었습니다. 그런데 박기수에게 소송서류가 송달되지 않습니다. 사유를 봤더니 거주불명자였습니다. 태어난 이듬해에 아버지가 돌아가시고, 5살 되던 해에는 어머니가 돌아가시고, 7살 때 누나마저 사망하면서 혈혈단신 고아가 된 그의 삶이 어머니 슬하에서 살았던 원고보다 훨씬 더 고달팠나 봅니다. 부산 **구청에 대한 재

사실조회를 통하여 받아본 박기수의 가족관계증명서에는 그의 외로웠던 인생을 대변하듯이 아버지, 어머니 이외에는 배우자도, 자녀도 없었습니다.

박기수의 행방이 전혀 확인되지 않자 원고는 이에 굴하지 않고 제적등본에 기재되어 있던 아버지 박철수의 형제인 박철남의 아들 박기영, 박기영의 아들 박철광, 박철호의 주소를 확인해보겠다고 부산 **구청에 대한 사실조회신청을 다시 하였습니다. 이렇게까지 증거신청을 받아주는 것이 맞나 하는 회의가 다시 찾아왔습니다. 이것은 (진짜 아버지인지 아닌지도 모르는) 아버지 찾겠다고 남의 족보를 다 뒤져 그들의 주민번호와 주소를 알려달라는 것인데, 재판을 명분으로 너무 타인의 사생활을 침해하는 것이 아닌가 하는 생각이 들었습니다.

참으로 허무맹랑한 스토리인 것 같은데, 그렇다고 이런 쓸데없는 소리 하지 말라며 증거신청을 배척하기에는 뭔가 찜찜한 상황이었습니다. 이러한 증거신청을 통해 입증할 수밖에 없는 사건인데, 이를 받아주지 않고 증거가 없음을 이유로 원고의 청구를 기각해버린다면 원고에게는 평생의 한으로 남을 수도 있겠다 싶어 정말 이번이 마지막이란 생각으로 증거를 채택했습니다. 촌수로 따지면 5촌 조카쯤 되는 이들의 주민등록초본을 받아보니, 박철광은 해외이민으로 국적상실 되었고, 박철호는 다행히 부산에 거주하며 생활하고 있었습니다.

원고는 드디어 어렵사리 찾아낸 박철호와 자신과의 사이에 유전자검사를 실시했습니다. 그리고 얼마 후 감정결과서가 법원에 도착했는데, 놀랍게도 둘 사이에 동일부계에 의한 혈연관계가 성립한다는 내용이 기재되어 있었습니다.

이럴 수가… 그의 말이 정말이었다니…. 이렇게도 아버지를 찾을 수 있는 거였다니….

심장이 심하게 요동질 쳤습니다. 부산에서 잘 생활하고 있던 남자 박철호씨에게 참 고마웠습니다. 그마저도 거취가 확인되지 않았다면, 특히 그가 남자가 아니라 여자였다면(유전자검사 자체가 불가능하여서), 원고는 자신의 아버지를 영영 찾지 못했을지도 모를 일이었으니까요.

재판기일에 출석한 원고의 얼굴이 이전보다 더 환하고 활기차 보였습니다. 재판을 마치며 자랑스런 아버지를 찾게 되신 것을 축하드린다고 인사말을 건넸더니, 모두 판사님 덕분이라며 73세의 노인은 허리를 깊이 숙이며 인사를 했습니다. 돌아나가는 노인의 어깨가 마치 아버지 품에 안긴 듯 따뜻해 보였습니다. 사무실로 돌아와 판결문을 작성하면서, 나도 모르게 기도하게 되었습니다.

주여,

나의 관점에서만 사건을 바라보지 말게 하시고, 섣불리 재단하지 말게 하옵소서.

사건 하나하나마다 담겨있는 그들의 인생을 살펴보게 하시고, 모든 사건 앞에서 겸손하게 하옵소서.

주 문

원고는 망 박철수의 친생자임을 인지한다.

4장

이혼주례자 이야기

왕년에 이혼가방 한번 안 싸본 사람 있습니까?

저는 2017년부터 2023년까지 부산가정법원에서 가사전문법관으로 일했습니다. 남편은 변호사로 일한 지 20년이 되었으니 이혼사건을 다룬 지 햇수로 20년이 된 셈입니다. 우리 부부는 현재 자타공인 이혼전문법조인인 셈입니다. 그러다 보니 우리 부부에게 부부문제에 관한 조언을 구하는 사람들이 많아 이런저런 조언을 해주곤 하였습니다. 그래선지 남들은 우리 부부가 아주 지혜롭게 갈등 없이 부부생활을 잘 해왔을 것이라고 예상합니다. 더군다나 아이를(정확히는 아들을) 셋이나 낳았으니 부부금슬도 좋은 것임을 반증하는 것 아니겠냐고 낯간지러운 소리들을 하기도 하지요.

결혼한 지 20년 정도 되고 보니 지금은 그럭저럭 함께 사는 것이 나쁘지 않습니다. 어떨 때는 힘이 되기도 하고, 없는 거보단 낫구나

하는 생각이 들 때가 이제는 더 많은 것이 사실입니다. 아들들이 사춘기로 돌입한 이후에는 더욱 의기투합하게 되었습니다. 공동의 적에 대한 전우애가 더욱 빛난다고나 할까요.

고백하건대, 저도 왕년에 이혼가방 싸본 여자입니다.

첫째가 18개월이 될 때 둘째가 태어났습니다. 첫째가 18개월이 될 때까지 친정어머니가 아들을 친정인 대구에 데리고 가서 키워주신 덕분에 남편과 저는 주말에만 엄빠 노릇을 했고, 주중에는 신혼부부와 같은 자유로운 삶을 살았습니다. 둘째를 임신한 것을 안 어머니께서 여러 가지 형편상 어린아이 둘을 보기는 힘들다고 선언을 하셨으므로, 친정에서 둘째를 출산하고 한 달간의 몸조리를 마친 후 19개월과 생후 한 달이 된 두 아기를 데리고 부산 우리 집으로 돌아왔습니다.

Welcome to hell~

지옥의 문은 그렇게 우리에게 열렸습니다. 태어나서 그렇게 힘든 고통은 처음 겪는 듯했습니다. 믿지 못할 소리처럼 들리겠지만, 솔직히 사법시험 준비할 때보다 더 고통스럽고 힘들게 느껴졌습니다. 사법시험 공부는 내가 계획하고 시간 관리하면서 하루하루를 성실히 공부해 나가면 되었는데, 육아는 내가 계획한 대로 당최 흘러가지 않았습니다. 아이들은 예고 없이 아팠고, 밤에는 잠을 자지 않고 울어 댔습니다. 졸린 눈을 비비며, 떨어져 나갈 것 같은 팔과 뻐근해 미치겠는 등근육통을 참으며 아이를 겨우 재우고 잠이 들었나 싶어 슬그머니 내려놓을라치면, 그놈의 등센서는 어찌나 예민하게 작동하는지 정말 피곤해 죽을 지경이었습니다.

아기가 둘이 되다 보니 각자 퇴근하고 나면 아기 하나씩을 돌보아야 하는 전투육아 최전방에서의 혈투가 벌어졌습니다. 남편도 나도 자신의 노력과는 무관하게 시간이 지나가야지만 아주 미세하게 조금씩 나아지는, 죽을 것 같은 이런 힘든 상황은 처음인지라, 우리는 말로 서로를 상처 내기 시작했습니다.

아기의 천진한 눈빛과 뽀송한 숨결은 나에게 세상 무엇과도 바꿀 수 없는 환희를 느끼게 해주었지만, 남편에 대한 미움은 그와 비례하여 커져만 갔습니다. 나를 함부로 대하는 남편을 보면서 '어떻게 나의 소중함을 느끼게 해줄까? 내가 아파트에서 아기를 안고 뛰어내려 죽으면 나의 소중함을 알까?'라는 생각마저 들 정도였으니 무슨 설명이 더 필요할까요. 그냥 내 눈앞에서 놈이 사라졌으면 싶었습니다.

친정으로 가겠다고 가방을 싸며 아이들은 내가 키우겠노라고 소리 질렀습니다. 돌이켜보면 그즈음 산후우울증을 앓았던 것이 아닐까 싶습니다.

남편이 나를 이대로 둬서는 안 되겠다고 생각했는지, 다니고 있던 교회의 여(女)목사님께 나와의 1대1 교육을 부탁드렸습니다. 그 사실을 알고는 남편에게 더욱 화가 치밀어 올랐습니다. 자기나 교육

받고 개과천선할 것이지 안 그래도 힘들어 죽겠는데, 다른 누군가에게 말 한마디조차도 하기 싫은 나를 왜 등 떠미느냔 말이야….

정말 밉다 밉다 하니까 하는 짓이 모두 밉상이었습니다. 밥 먹는 모습조차 그리 미워 보일 수가 없었고, 숨 쉬는 소리조차 듣기 싫었습니다. 그래도 이왕 약속을 했고, 나를 위해 힘들게 시간을 빼놓으셨다고 하니 어쩔 수 없이 1대1 만남을 시작했습니다. 일말의 기대감도 없이 시작한 만남이었는데, 그 만남이 나의 숨통을 틔어놓는 오아시스가 될 줄을 미처 몰랐습니다. 남편과 아이들의 틈바구니에서 벗어나 두 시간 동안 목사님께 하소연하고 가슴 따뜻한 호응도 받고 눈물 어린 기도소리를 들으며 나의 영혼은 조금씩 회복되어 갔습니다.

그래서 행복하게 잘 살았습니다~ 끝!!!으로 마무리되는 동화처럼 더 이상의 갈등이 없으면 참 좋았으련만 현실은 늘 그렇지 않지요. 다시 집으로 돌아가면 내게 온 영혼을 다해 매달리는 두 아기와 밉상도 그런 밉상이 없는 남의 아들이 떡하니 버티고 있었습니다.

회복과 나락이 뒤엉켜 혼재해 있는 카오스와 같은 삶이라고 표현하면 딱 좋지 싶습니다.

그렇게 근근이 버티며 살아가던 중 저는 예상치 못하게 밀양법원으로 발령을 받게 되었습니다. 처음 밀양으로 발령 난 것을 알게 되었을 때는 법원을 그만두어야 하나 싶었습니다. 남편과 둘이서 키우는 지금도 힘들어 죽을 지경인데, 혼자서 어떻게 아이들을 키울 것인가 생각하니 앞이 캄캄했습니다.

가라면 가야 하는 공무원 신세이니 일단 밀양으로 떠났습니다. 첫 1년은 혼자 관사에서 지내다가 2년차에 아이들을 밀양으로 데리고 오고, 남편이 혼자 부산에서 지내게 되었습니다. 밀양으로 친정어머니가 오셔서 관사에서 함께 지내며 아이들을 돌봐주셨습니다.

퇴근하고 집에 돌아오면 어머니가 맛있는 저녁을 준비해서 맞아주시니 씻고 저녁을 먹은 뒤 아이들과 좀 놀아주다가 재우고, 다음 날 어머니가 차려주신 아침을 먹고 출근하면 모든 뒤치다꺼리는 어머니가 알아서 해주시는 생활이었습니다.

집에 아내가 있는 느낌이었습니다. 더군다나 이 아내는 나에게 전혀 잔소리도 하지 않고, 그저 내가 늘 안쓰러워 못 견디는 천하에 둘도 없는 양처(良妻)입니다. 이런 평안한 삶을 살다 보니 혼자 부산에서 쭈그러져 밥을 먹고 있을 남편이 조금 측은하게 여겨지기 시작했습니다. 원래 혼자 있는 것을 싫어하고 아이들을 너무 좋아하는 사람인데, 어떻게 지낼까 안쓰러웠습니다.

한편으로 남편 역시 부산에서 혼자 편안하게 지내면서 밀양에서 아들 둘을 돌본다고 아내가 얼마나 힘들까 하는 생각이 들었다고 합니다. 그렇게 서로에 대한 측은지심이 생기면서 외줄타기보다 더 위태롭던 부부관계가 회복되었습니다. 이혼가방은 진작에 모두 해체되어 원래 자기가 있던 창고의 한켠으로 슬그머니 돌아갔습니다.

우리는 누구나 한 번쯤은 이혼가방을 싸고, 협의이혼신청서를 가슴에 품고 살아갑니다. 그런데 어느 부부는 그 위기를 잘 극복하여 부부관계를 회복하고, 다른 어느 부부는 이혼가방을 들고 법원 문턱을 밟게 됩니다.

우리 부부에게는 좋은 안내자 역할을 해주신 목사님이 계셨고, 마침 떨어져 지내게 되면서 갈등의 불씨를 식힐 수 있는 기회가 있었으며, 일하는 딸을 위해 좋은 아내의 역할을 자처해주신 어머니가 계셨기에 그 위기를 극복할 수 있었습니다. 운이 좋았으며 또 다른 여성(어머니) 노동력의 뒷받침이 있었기에 가능했습니다. 다른 여성의 헌신 하에 우리 가정의 위기 극복이 가능했다는 점은 여전히 씁쓸한 지점이긴 합니다만, 어쨌든 셋 중 하나라도 없었다면 우리 부부의 관계도 순탄치 않았을 가능성이 매우 높습니다. 그래서 법정에 오는 이혼사건 중 특별한 이혼사유(부정행위, 폭력, 도박 등)가 보이지는 않는데, 갈등의 골이 깊어져 더 이상 회복이 불가능해 보이는 케이스들을 보면 마음이 심란해집니다.

지금도 어디선가 이혼가방을 싸고 있을 필부필부(匹夫匹婦)에게 갈등의 불씨를 식힐 수 있는 기회가 주어지기를 기도합니다. 다만 그것이 다른 여성의 희생하에 주어지는 기회가 아니기를, 이 사회가 아이들을 키우기 좋은, 힘든 엄마 아빠에게 실질적인 도움이 되는 그런 사회로 변화되기를 간절히 바라봅니다.

뭐 이런저런 좋은 말 다 떠나서 일단 바로 지금, 더 나아질 건덕지가 조금도 보이지 않는, 그래서 지금 당장 힘들어 죽을 것 같은 젊은 엄마 아빠들에게는 시간의 힘을 믿어보시라는 말을 전해드립니다.

그저 오늘 하루 성실히 살아내고, 내일은 없을 것 같은 마음으로 배우자와 자녀를 바라보고, 너무 힘들고 지쳐서 배우자와 아이에게 짜증 내고 큰소리친 하루였다면 잠자리 들기 전 그들의 뺨 한번 어루만지며 미안해하고 작은 소리로 '그래도 많이 사랑해. 내일은 웃자' 속삭인 뒤 잠드는 하루라면 족합니다.

그렇게 하루하루를 살아내다 보면 이 또한 지나가리니….

어느샌가 아이들은 엄마 아빠의 헌신으로 훌쩍 커 있고, 부부는 조금씩 서로를 더 깊이 알아가고, 언젠가는 그 뒷모습이 한눈 가득 들어와 그 어깨를 가만히 두드려 주는 그런 시간이 올 겁니다.

전문상담사의 위력 1

아내 이야기

가정법원에는 법관과 직원을 위한 심리상담 프로그램이 있습니다. 깨어지고 상처로 얼룩진 감정대립이 심한 사건들을 많이 다루다 보면 깊은 심리적 타격을 받게 되어 자신도 모르는 사이 일상이 힘들어지는 경우가 있기 때문에, 정신적 충격완화를 지원하기 위하여 생긴 프로그램입니다.

저는 일상에서 특별한 문제가 없고 사춘기 아이들과도 그럭저럭 잘 지내고 있으며, 남편과의 관계도 크게 나쁘지 않아서 상담이 필요할까라는 의구심이 들었습니다. 사실 솔직히 고백하면 내심 무슨 큰 도움이 될까 싶었습니다.

수없이 많은 이혼사건을 처리하면서 나름대로 쌓인 내공도 있었고, 관련 책들을 많이 읽다 보니 나도 이 분야의 전문가라는 자부심이 마음 한구석에 자리 잡고 있었습니다. 그래도 법원에서 차려준 밥상이니 맛이나 봐 볼까 하는 심정으로 큰 기대 없이 시작했습니다.

상담실에 처음 방문했더니 뻔한 호구조사가 시작되었습니다. '아 의미 없네, 역시나 예상대로 시간 낭비만 하다 돌아가겠군. 괜히 왔네 괜히 왔어…'라고 생각하면서 영혼 없이 형식적인 대화를 나누었습니다. 그런데 희한하게도 어느 순간 내가 예상하지도 않았던 말들이 내 속에서 불쑥 삐져나오고, 상담사와 깊이 있는 대화를 나누고 있는 내 모습을 발견했습니다.

그러던 중 충격적인 사실을 하나 깨달았습니다.

남편은 밥상에서 아이들과 이야기하는 것을 좋아하고 본인은 그것이 유대인의 밥상머리 교육인 하브루타라고 생각합니다. 하지만 아내인 제가 보기에는 하브루타는 무슨. 딱 그냥 밥상머리에서 애하고 말싸움하는 정도의 수준에 불과했습니다. 아빠의 논리와 고집에 당할 재간이 없는 아이들은 처음엔 같이 목소리 높여 이야기해 보다가, 결국엔 아빠 자기 말만 한다며 입을 닫아버립니다. 그런 일이 반복되다 보니 아이들은 밥상에서 아빠가 입을 열기만 하면 듣는 둥 마는 둥 앉아있다가 밥을 먹고 각자의 방으로 후다닥 들어가 버린다거나 초점 없는 눈동자를 한 채 한 귀로 듣고 한 귀로 흘려버리는 모습을 보였습니다.

그 모습이 너무 보기 싫고 견디기가 힘들었습니다. 밥 먹을 때 꼭 저렇게 아이들과 의견충돌을 일으키는 주제로 이야기를 해야 하는 건지, 그냥 시답잖은 이야기들을 함께 나누며 웃으면서 밥을 먹으면 안 되는 건지, 남편이 도통 이해가 되지 않았습니다. 남편은 아이들이 점점 커가니 밥 먹을 때 말고는 제대로 된 이야기를 할 시간이 없어서 꼭 그때 이야기해야 한다는 입장이라, 정말 밥이 코로 들어가는지 입으로 들어가는지 모를 지경이었습니다.

그러던 어느 날 초등학교 6학년인 둘째가 나에게 심각한 얼굴로 아빠가 그냥 사라졌으면 좋겠다고 깊은 한숨을 쉬며 이야기합니다. 아빠가 사라졌으면 좋겠다니…. 아이의 정서가 너무나 걱정되었고 이대로 두어서는 안 되겠구나 하는 위기감이 들었습니다. 그래서 밥상머리에서 조금만 남편이 논쟁거리가 될 만한 이야기를 꺼내면 적당히 눈치 보다가 중간에서 자르고 화제를 돌리거나 아이들의 말에 맞장구를 쳐주어 아이들 기분이 나빠지지 않도록, 그래서 아빠랑 관계가 더 이상 나빠지지 않게 하기 위해서 혼신의 노력을 다했습니다.

그럴 때마다 남편은 아이들과 이야기하는데 엄마가 자꾸 불쑥 끼어든다고 투덜거렸고, 어느 때는 화를 내기도 하였습니다. '참, 배부른 소리 하네. 내가 자기를 위해서 얼마나 노력하고 있는지도 모르고…. 나 덕택에 그나마 아이들과 이 정도 관계라도 유지하고 있는 건데 말이지. 마누라 잘 만나서 호강에 겨워서 요강에 똥 싸는 소리를 하는구만. 아주 그냥… 으이구, 답답하다, 증말. 쯧쯧….' 목구멍까지 차올라오는 말을 삭히며 속으로 꾹 눌러 담았습니다.

"지금 어머니는 자녀들이 남성성을 배울 기회를 빼앗고 있으시네요. 아들들이 제대로 남성성을 배우지 못한 채 그렇게 자라기를 원하세요?"

"그럴 리가요…. 그럼 제가 그렇게 지키고 싶은 남편과 자녀들과의 관계는 어떻게 하나요?"

"일단 아빠가 말을 할 때는 끼어들지 말고 그냥 침묵하세요. 그리고 두 분만 있을 때 조용히 이야기하세요."

상담사 선생님은 나의 그런 행동과 말들을 즉시 멈추어야 된다며 단호히 말합니다. 그 나이 때의 아이들은 가정에서 아빠의 모습을 통해 바람직한 남성성을 배워나가는데, 아빠가 말을 할 때마다 엄마가 끼어들어 이야기를 단절시키고 더 이상 진행하지 못하게 한다면 자녀들은 긍정적인 남성성을 배울 수 없고, '아 엄마가 최고구나. 엄마 말만 들어야겠다'라고 여기게 된다는 것이지요.

헉…. 머리를 망치로 두들겨 맞은 듯한 충격이었습니다. 이것은 내가 너무나 잘 알고 있는 내용이 아닌가. 이혼소송 당사자들한테 종종 해주던 말이 아니었던가. 그런데 이게 막상 나의 삶이 되었을 때는 나에게 이런 문제가 있다는 사실을 인식조차 하지 못했습니다. 아이와 남편의 관계를 좋게 유지한다는 명분으로 자녀의 남성성 배울 기회를 박탈하고 있었던 것이었다니….

돌이켜보니 남편과 자녀의 관계를 좋게 하려는 것보다는 솔직히 그런 시끄러운 분위기, 싸움을 하는 듯한 상황 자체가 그저 싫었던 것 같습니다.

"그럼 아이가 아빠가 사라졌으면 좋겠다고 하는데, 그런 나쁜 생각을 하는데도 그저 지켜보아야 하는 건가요?"

"아이가 아빠가 사라졌으면 좋겠다고 하는 건 그냥 문자 그대로 그 상황에서 아빠가 내 눈에 안 보였으면 좋겠다고 하는 것이지 그 이상도 그 이하도 아니에요. 엄마가 너무 확대해석해서 상황을 처리하려 하다가 결국은 문제를 더 크게 만드는 거지요."

그랬습니다. 늘 이혼사건에서 혀를 끌끌 차며 봐왔던 그 사람들의 행동들, 상대방 배우자를 무시하는 행동들을 내가 하고 있었고, 그런 문제적 상황을 전혀 인지조차 하지 못하고 있었습니다. 이런 부분들을 객관적인 제3자로부터 지적을 받으니, 그제야 내가 늘 지적하던 다른 사람의 나쁜 행동을 내가 가정에서 그대로 하고 있다는 것을 깨닫게 되었습니다.

사람은 이성적 존재이기 때문에 무엇이 옳고 그른지를 기본적으로 잘 알고 있습니다. 그래서 객관적인 상황에서는 정확하게 정답 또는 모범적인 답을 선택합니다. 그러나 사람은 감성적 존재이기도 해서 그러한 상황이 제 삶에 훅 치고 들어오는 순간, 특히 나와 아주 가까운 관계에서 발생하는 문제에 관해서는 이성보다 감성이 먼저 작동하게 되며 본능적으로 나를 중심으로 한 해답을 찾으려고 합니다. 그렇기 때문에 우리는 나를 객관화해주는 그 누군가와의 대화가 꼭 필요합니다. 나와 가까운 친구나 가족(예를 들면 친정식구)과의 대화는 감정의 정화는 얻을 수 있겠으나, 자기객관화의 작업과는 거리가 먼 경우가 대다수이기 때문에 내가 가진 문제를 직시하거나 해결하는 데는 큰 도움이 되지 않는 경우가 많습니다.

나는 큰 문제가 없고 잘 살고 있다고 생각하시는 분들도, 또 매일 매일이 전쟁 같고 왜 나에게 이토록 어렵고 힘든 문제가 생기는 걸까 고민되시는 분들도 기회가 된다면, 아니 꼭 기회를 만들어 전문 상담사의 상담을 한번 받아보실 것을 추천드립니다.

이런 문화가 잘 정착된다면, 나는 잘못한 게 없는데 갑자기 이혼 소장이 날아왔다거나 나도 참을 만큼 참았고 이제는 더 이상 못 참아서 이혼소송을 한다고 하는 서면이 가정법원에서 조금은 줄어들지 않을까 싶습니다.

전문상담사의 위력 2

남편 이야기

상담을 통해 큰 깨달음을 얻고 고개를 주억거리고 있던 찰나 상담사 선생님이 다음 회기 상담은 남편과 둘째 아들이 하면 좋을 것 같다고 운을 띄웁니다. 하… 남편은 나보다 더 귀가 두꺼운 사람인데, 상담을 받으려 할지 걱정이 되었습니다. 일단은 알겠다고 하고 집으로 돌아왔습니다. 남편에게 상담받으면서 정말 중요한 사실을 깨달았노라 이야기를 하면서 잘 구슬려볼 참이었습니다. 내 고해성사에 대한 그의 반응, 하늘 높은 줄 모를 기고만장함이 100% 예상되었지만 어쩌겠습니까. 잘못한 것은 잘못한 것이니 인정하고 그에게도 함께 하기를 권할 수밖에요.

나의 이야기를 듣던 남편은 예상대로 "내가 그렇게 말할 때는 눈도 깜빡 안 하더니 남이 얘기하니까 그제야 들리나 보네"라며 회심의 미소를 지으며 일침을 가합니다. 이때다 싶어서 "그러게 말이야. 참 희한하더라고. 상담사가 다음 회기에는 자기랑 둘째랑 상담했으면 좋겠다고 하던데 어때요?"라며 선방을 날려 보았습니다.

아니나 다를까. "그거 해봤자 뭐 특별한 거 있나. 다 알고 있는 뻔한 얘기 하고 있겠지. 그리고 나는 지금도 잘하고 있는데 상담할 게 뭐 있겠어?"라며 어처구니없는 소리를 해댑니다. 남편이 상담에 참석해야 할 이유를 백만 가지도 더 댈 수 있었지만, 꾹 눌러 참고 만면에 썩은 미소를 지으며, 나에게 이런 깊은 깨달음을 얻게 해준 실력 있는 선생님이시니 그냥 시험 삼아 둘째랑 한 번만 가보라고 온갖 아양을 떨며 이야기하자 마지못해 알겠다고 합니다. 자신의 말은 귓등으로도 듣지 않던 마누라가 상담 다녀와서 회개하듯 저자세를 하며 온갖 어울리지 않는 애교를 떠는 모습이 그의 마음을 움직이게 한 결정타였겠지요.

남편에게 분명히 좋은 시간일 거라 호언장담하며 등 떠밀긴 했는데, 시간만 낭비했다고 투덜이 스머프가 되어 돌아올까 봐 여간 신경 쓰이는 게 아니었습니다. 그런데 상담을 다녀온 남편의 얼굴이 다행히 환해져 있습니다. 남편 역시 오자마자 지난주의 나처럼 하고 싶은 말이 무척이나 많은 듯이 보였습니다.

아빠와 자녀가 함께 그림 그리기 작업을 하라고 해서, 남편이 둘째가 좋아하는 물고기 그림(둘째는 어류, 조류 등 자연생태에 관심이 많습니다)을 종이 위에 그렸더니, 둘째가 그 옆에 더 큰 물고기를 그려 아빠 물고기를 잡아먹는 그림을 그렸다고 합니다.

남편은 아이가 옆에서 그런 그림을 그리자 '아! 나와 둘째의 관계가 완전히 어그러졌구나' 하는 생각이 들면서 상처와 충격, 그리고 걱정에 휩싸였습니다. 그런데 그림을 본 상담사는 남편에게 사춘기 아이들, 특히 아들들은 이제 아빠를 넘어서려고 하는 시기이기 때문에 지극히도 정상적인 심리상태를 나타내는 그림이라고 설명했습니다. 또 상담사는 아들과 둘이서 나눈 대화에서, "우리 아빠는 말을 잘하고 논리적이에요. 저도 아빠를 닮아서 논리적이고 말을 잘해요. 아빠는 우리 집의 태양이에요. 저도 아빠처럼 되고 싶어요"라고 말했다며 남편에게 아들의 속마음을 몰래 전달해 주었습니다.

남편은 전혀 예상치 못했던 둘째의 속내를 전해 듣고는 자녀로부터 알게 모르게 받아왔던 상처들이 완전히 회복된 듯했습니다. 둘째의 속마음을 알게 된 남편은 이후 둘째의 이유를 알 수 없는 짜증과 버릇없는 말투에도 눈웃음을 짓는 여유를 가지게 되었습니다.

자기는 이 집의 태양이라며 큰소리치길래, "내가 정말 노력해서 자기를 그렇게 만든 거야"며 공치사 한번 해봤더니 그 역시 어이없는 한마디를 던집니다. 자기가 애를 잘 교육해서 그렇다나 어쨌다나…. 아무튼 상담을 시작한 이후로 집의 분위기가 한층 부드러워지고 따뜻해졌습니다.

그래서 저는 '우리는 아무 문제 없어'라고 생각하고 있는 가정들도 꼭 한번 자신을 객관화할 수 있는 기회를 가지시기를 적극 추천드립니다. 상담을 통해 나를 객관화하고 한걸음 떨어져서 나를 돌이켜보며 많은 생각을 해 볼 기회를 가질 수 있을 것입니다.

늘 바쁜 일상을 살아가는 우리가 스스로 제3자화되어 자신의 문제를 돌이켜 보는 것은 불가능에 가깝습니다. 좋은 전문상담사를 만나 나를 객관화하고 대화하고 사유하는 것만으로도 우리가 늘 꿈꾸는 sweet home을 만들어 가는 데 하나의 주춧돌 역할을 한다고 말씀드리고 싶습니다. 물론 그 주춧돌 위에 튼튼한 기둥을 세우고 벽돌을 쌓는 노력은 스스로가 기울여야 더 견고한 집이 완성됨은 당연하겠지만요.

PS. 이혼소송 진행 중에 부부상담을 보내는 경우가 많습니다. 주로 한쪽은 이혼을 원하는데, 다른 쪽은 이혼을 원하지 않고 가정을 회복하고 싶다는 의사표시를 할 때가 그러합니다.

그러나 이혼소송 중 부부상담을 통해 부부관계가 다시 회복되는 경우는 거의 없습니다. 이제껏 처리한 수백, 수천 건의 사건 중 서너 건 정도가 있었던 듯한데, 이 경우는 이혼소송을 제기한 원고도 사실은 내심으로는 가정이 회복되기를 바라는 마음이 있지만 도저히 이렇게는 못 살겠다는 심정으로 소장을 접수한 경우여서 좋은 결과가 가능했던 것입니다.

우리나라 사람들은 아직도 상담에 대한 부담감과 어려움을 가지고 있는 경우가 많습니다. 남자들이 특히 그러합니다. 술기운을 빌리지 않고 제정신에 남에게 뭔가 마음속 깊은 곳의 이야기를 한다는 것이 참 낯간지럽고 쑥스럽습니다. 그러다가 도저히 이렇게는 못 살겠다 싶은 아내들이 이혼소장을 접수하면, 그제야 정신을 차리고 가정 회복을 갈구하며 부부상담에 적극적으로 협조하는 경우가 많습니다. 그나마 그 정도선에서 부부관계가 회복되면 참으로 감사한 일입니다.

부부 사이가 완전히 나빠진 이후에 받게 되는 부부상담의 효과는 한계가 있습니다. 상대방에 대한 마음의 문이 이미 너무나 굳게 닫혀버린 이후라 나 스스로를 객관화하는 작업이 힘들고, 그것을 나의 문제로 받아들이는 것도 쉽지 않기 때문입니다. 그렇기 때문에 문제가 더 깊어지기 전에, 아무 문제가 없어 보이는 그때에도 부부상담은 큰 의미가 있습니다.

자기객관화의 작업, 관계가 더 나빠져 어떠한 노력도 무의미할 것이라는 비관적인 생각이 드는 시점에 이르기 전에 반드시 필요합니다. 이 정도면 나쁘지 않은 것 같지만, 알고 보면 본인들도 모르는 사이 서로 상처를 주고받고 있는 우리네의 부부관계, 가족관계가 더 따뜻하고 윤택해질 수 있도록 도움이 될 것입니다.

아들 셋인 게 다행인 날

결혼 14년차의 딸 셋을 둔 평범한 부부였습니다.

아내에게도, 남편에게도 이혼에 대한 특별한 귀책사유가 없었습니다. 전형적으로 살다 보니 사이가 나빠진 케이스였습니다. 아내도, 남편도 세 딸의 친권자 및 양육자가 되고 싶다고 강력하게 주장했습니다. 남편은 아내가 세 딸을 데리고 처가로 가버린 이후에 석 달간 딸들을 보지 못했다고 울분을 토하고, 아내는 딸들이 아빠를 보기 싫다고 하는데 내가 어떻게 할 도리가 없다며 강변하고 있었습니다. 가사조사와 양육환경조사명령, 그리고 심화된 부모교육을 위한 조정조치명령을 했습니다. 그렇게 두어 달의 시간이 흐른 후 가사조사관으로부터 조정이 되었다는 보고가 올라왔습니다. 가사조사관으로부터 받아든 조정결과표를 살펴보다 특이한 문구 2개가 눈에 띄었습니다.

첫째, 자녀들의 친권 및 양육권은 일단 아내가 갖기로 정하지만, 아내가 자녀들이 성년이 될 때까지 자녀들의 양육을 고의로 포기하거나 유기할 때는 친권 및 양육권은 남편에게 양도하여야 하며, 더불어 조정성립시 남편으로부터 지급받은 재산분할금을 모두 반환하여야 한다.

둘째, 아내는 자녀들이 성인이 될 때까지는 자녀들의 성본 변경 및 친양자 청구는 하지 않기로 하며, 이를 어길 시에는 친권 및 양육권은 남편에게 귀속하기로 한다.

대체로 이런 조정조항은 엄마가 아이들을 학대할 가능성이 높은 경우(첫째 항)이거나 아내의 외도로 이혼을 하면서 상간남과 결혼하여 자녀들의 성본 변경, 친양자 입양 등을 하면서 친부와의 관계가 단절될 가능성이 높은 경우(둘째 항)에 이를 미연에 방지하기 위한 목적으로 기재하는 경우가 많습니다.

혹시 겉으로 드러나지 않은 무슨 속사정이 있나 싶어서 남편에게 아내가 자녀들을 학대했는지, 아니면 부정행위가 있었는지 물어보았습니다.

남편은 그건 아니라고 짧게 대답한 뒤, 첫 번째 문항을 적은 이유는 아내와 함께 살 때 아내가 자살소동을 벌인 적이 있었는데, 또 이런 비슷한 일이 일어나 아이들이 방치될까 봐 두려워서이고, 두 번째 문항은 아내가 아이들을 데리고 집을 나가 친정에 들어간 이후 이혼소송을 제기하면서 현재까지 석 달 동안 자녀들과 만나지 못하게 하고 있어서 이혼 후에도 계속해서 자녀들과 관계가 단절되고 연락이 끊어질까 봐 걱정되어서 넣은 조항이라고 답을 했습니다.

옆에서 아내는 어처구니가 없다는 표정을 지으며 앉아있었고, 함께 자리한 조사관으로부터 남편이 아내에 대한 불신이 강하여 원래는 공동친권을 강력하게 희망했으나, 아내가 공동친권은 절대 받아들일 수 없다고 주장하면서 절충적으로 위와 같은 조정안이 들어가게 된 것이라는 설명을 듣게 되었습니다.

그 경위를 듣는 순간 이 사건을 단순히 조정내용을 확인하는 형태의 이혼주례로 끝내버리면 이 사건은 조정이 되었어도 조정이 되지 않은 것과 마찬가지이겠구나 하는 생각이 들었습니다. 두 사람 사이의 마지막까지 좁혀지지 않은 이 갈등과 의심의 골에 돌다리라도 놓아주지 않으면 어쩌면 세 딸과 아빠와의 관계조차도 돌이킬 수 없게 될지도 모르겠다란 생각에까지 이르자 마음이 어지러워졌습니다.

"엄마가 아이들을 고의로 유기하거나 양육을 포기하면 그것은 조정조항 내용 기재 유무와 상관없이 당연히 친권자 및 양육자 변경 사유가 됩니다. 두 분이 이런 협의를 하신다고 친권자, 양육자 변경이 저절로 되는 것도 아니고, 변경을 위해서 어차피 법원에 다시 변경심판청구를 하셔야 됩니다. 그렇다면 이런 문구의 기재 자체가 무의미하다고도 볼 수 있겠지요. 그리고 아내가 받는 돈은 아이들의 양육비를 일시금으로 지급받는 것이고 재산분할금은 포기한 것으로 보여지는데, 양육자를 남편으로 변경하고 위 돈을 남편에게 반환한다면 남편은 다시 아내에게 재산분할을 해줄 것인가요?"

남편을 향한 나의 이 질문에 아내는 판사가 자신의 편이라고 생각했는지, 자신은 아이들을 키우면서 단 한 번도 방치하거나 유기한 적이 없고 세 딸을 정성껏 키웠으며, 이 소송을 빨리 끝내기 위해서 조정하면서 재산분할도 포기했는데 저 남자는 끝까지 자신을 못살게 굴고 괴롭히고 있다고 울분을 토합니다.

"판사님, 저 여자는 재산분할금을 받을 게 없습니다. 재산형성에 기여한 것이 없는데 무슨 재산분할금을 받습니까? 재산분할을 받을 것은 전혀 없고, 제가 아이들을 키우는 저 여자를 배려해서 아파트 지분을 양육비 명목으로 넘겨주는 것입니다. 저 여자가 아이들을 키우지 못해서 제가 아이들을 키우게 된다면 그 돈을 당연히 돌려받아야 하는 것이 아니겠습니까? 그리고 저는 혼인기간 중 저희 본가보다 처가 식구와 더 많은 시간을 보냈고, 제가 할 수 있는 최선을 다했습니다. 그런데 집사람과 처가 식구들은 그런 저를 하대하면서 부당한 대우를 했습니다."

남편의 눈을 보니 처가에 관한 험담을 풀어낼 준비를 한껏 하고 있는 것이 보였습니다. 이런 분위기로 가다간 다 된 조정이 틀어지기는 시간문제일 듯했습니다. 울분에 찬 그의 마음을 달래주어야겠다는 생각이 들었습니다.

"요즘 시대가 참 그렇지요. 옛날과 달리 요즘은 많은 부부들이 처가 근처에서 살고, 시가보다는 처가와 보내는 시간이 월등히 많아지고 있습니다. 맞벌이가 늘어나면서 자녀 양육에서 장인 장모의 역할이 커지고, 아이들도 친가보다는 외가 식구들과 자연스레 더 가깝게 지내고 있고요. 그래서 예전에는 고부갈등이 많았다면, 요즘에는 장서갈등이 현격히 많아지고 있습니다. 많은 남편들이 이혼 법정에 와서 ***씨와 똑같은 하소연을 합니다. 어쩌겠습니까. 요즘 시대 분위기가 이런 것을요. 받아들일 부분은 받아들여야 하는 것이 아니겠습니까?"

그를 위로한다고 한 나의 말이 선혀 위로가 되지 않는지 그의 눈매가 더욱 싸늘해졌습니다. 여자판사라 여자 편만 드는 편협한 인간을 만나 기분이 무척이나 더럽다는 것을 눈빛으로 말하고 있었습니다. 빨리 이 상황을 수습하지 않으면 이 사건은 그 누구에게도 이익이 되지 않는 처절한 사투의 현장으로 다시 떨어질 것임이 불 보듯 뻔했습니다. 그렇다면 나의 비장의 무기를 꺼내 들 수밖에 없지요.

"***씨, 저는 아들 셋을 키우고 있습니다. 제 아들들이 모두 결혼을 하게 될지 모르겠지만, 어쨌든 저는 시어머니가 될 가능성이 많고, 저의 집은 시가가 될 것입니다. 제 아들들도 장가를 가게 되면, 그때도 지금과 시대 분위기가 많이 다르지 않다면, 우리 집보다 처가와 더 가까이 살면서 더 많은 시간을 보내며 살아가게 되겠지요. 그래서 저는 지금부터 저를 다독이며 정신교육을 하고 있는 중입니다."

판사의 아들 셋 엄마라는 개인적인 고백에 남편의 눈이 휘둥그레지며 판사의 얼굴을 뚫어져라 쳐다봅니다.

"부부 중 어느 일방만의 희생은 분명히 바람직하지 않습니다. 우리나라의 과거 전통 속에 늘 강요되어왔던 며느리의 고된 희생은 분명히 잘못된 것이고, 맞벌이 부부가 일반화되고 처가와 밀접하게 지낼 수밖에 없는 현대 사회에서 사위에 대한 일방적인 헌신의 강요 역시도 건강한 가정을 저해하는 요소임은 분명합니다. 말씀드린 어느 일방의 희생 차원이 아니라 어느 쪽과 좀 더 친밀하고 많은 시간을 함께하면서 지내느냐의 차원에서 접근해본다면, 요즘은 분명 처갓집, 외갓집과 함께 하는 시간이 훨씬 많습니다. 우리 자녀들의 세대에는 또 어떻게 변화될지 모르겠지만, 어쨌든 이것은 어느 것이 맞고 틀리고의 문제가 아니라, 우리가 지금 그런 시대를 살아가고 있다는 거예요. 그러니 ***씨, 당신의 삶을 돌이켜보며 너무 힘들어하지 마세요. 남자로서, 특히 무뚝뚝한 경상도 남자가 이런 시대를 적응하며 살아내시느라 너무 고생 많으셨습니다.

이제 두 분의 이혼소송이 오늘 조정성립 되면 오늘로서 두 분의 혼인관계는 종료됩니다. 더 이상 아내와 남편의 관계가 아니고, 세 자녀의 엄마 아빠로서 협력관계만이 남는 것입니다. 그러니 이제 과거는 떨쳐버리시고, 두 분 사이의 자녀들에게 집중하시기 바랍니다. 두 분은 이혼이라는 과정을 거치면서 세 자녀에게 엄청난 상처를 주었고, 지금도 주고 있습니다. 이제는 자신들의 상처만 바라보지 마시고, 두 분이 세 자녀에게 준 상처가 회복될 수 있도록 협력해서 노력하여야 합니다."

여자판사의 세 아들 이야기 덕분이었을까요, 아니면 나만 억울한 게 아니고 이 지구상의 동시대를 살고 있는 모든 남자가 나와 같은 처지구나란 생각이 들어서였을까요. 남편의 표정은 다행히 많이 편안해졌고, 저를 향한 분노의 눈빛은 우호적인, 아니 어찌 보면 애처로움을 가득 담은 눈빛으로 바뀌어 있었습니다.

"와!! 아들 셋이라니 정말 대단하십니다. 판사님. 좋은 말씀 많이 해주셔서 감사합니다. 그런데요…."

남편은 만면에 미소를 띠며 말하다가 갑자기 정색을 합니다.

"이 점 하나는 꼭 짚고 넘어가고 싶습니다. 저와 아이들은 관계가 좋았습니다. 그런데 와이프와 처가 식구들이 저에 대해 나쁘게 얘기하고 만남을 단절시키고 있습니다."

"애들이 아빠하고 사이가 좋았던 것은 맞습니다. 막내는 지금도 아빠를 좋아하고 아빠와 만나서 자고 오고 싶어 합니다. 그렇지만 언니들 없이 혼자서 자는 것은 싫어해서, 둘째를 겨우 설득해서 둘이 자고 오고 있습니다. 그런데 첫째 딸은 이제 사춘기가 되어서 제가 이야기하는 것을 잘 듣지 않습니다. 제가 어떻게 막고 하는 것이 절대 아닙니다."

아내의 말에 남편이 다시 흥분하기 시작합니다.

"아닙니다. 첫째가 문자를 보내는 것을 보면 완전히 어른들의 말투입니다. 제 생각에 30% 정도만 본인의 생각이고, 나머지는 엄마나 외갓집 어른들 생각을 문자로 보내는 것 같습니다. 애가 자기는 학생이니까 돈이 필요하다는 이야기를 한다는 것이 너무 이상하지 않습니까?"

"아닙니다. 맹세코 저나 저희 친정 식구들이 아이 앞에서 남편 흉을 보거나 돈 이야기를 한 적이 없습니다. 그 점을 아이 아빠가 좀 알아주었으면 좋겠습니다."

겨우 한숨을 돌리고 훈훈한 마무리를 준비하고 있었는데, 다람쥐 쳇바퀴 같은 무의미한 논쟁이 또다시 시작될 기미가 보입니다.

"아이들은 사춘기가 되면서 급변합니다. 사이가 좋은 부모를 둔 아이들도 사춘기가 되면 말을 잘 하려고 하지 않고 반항을 하기도 하는데, 이혼하려는 부모를 둔 사춘기 아이들은 말해서 무엇하겠습니까. 남편의 기억 속에 남아 있는 첫째 자녀는 사춘기 전의 어여뻤던 딸이었을 가능성이 높고요. 지금 그 아이는 세상이 무서워한다는 중학교 2학년입니다. 전에 내가 알던 그 딸아이가 아니란 말입니다. 저희 집 아들도 그렇게 온순하고 착했었는데요 중학교 2학년이 되니 저에게 자신의 인권을 침해하는 행위를 하지 말라고 하더군요. 사랑스럽던 그 아들은 어디로 온데간데없고 완전히 막무가내 사내 녀석이 하나 있더란 말입니다.

사춘기 자녀와의 면접교섭은 기다림입니다. 포기하지 않고 계속 문자 보내고 연락하고 하다 보면, 아이들은 마음의 문을 서서히 엽니다. 여전히 나를 무시하는 것 같고 내 연락에 반응하지 않지만, 자녀들의 마음속에는 행복감으로 가득 찰 것입니다. 우리 엄마 아빠가 이혼했지만, 아빠가 여전히 나를 사랑하는구나라는 것을 확신하는 순간, 아이들의 상처가 치유되기 시작하고요.

***씨, 제발 지금은 좀 기다려 주세요. 아이의 때가 올 때까지요."

나의 기나긴 이혼주례를 듣던 남편은 기분이 많이 풀어졌는지 아내에게 아이들 잘 만날 수 있도록 해달라며 정중히 부탁했고, 아내는 그러겠노라고 화답하며 잘 마무리가 되었습니다.

힘겨운 이혼주례를 마치고 사무실 의자에 몸이 꺼지도록 기대앉습니다. 이 사건 조정은 아들 셋과 함께 이룬 것 같습니다.

아들이 셋이라서 참 다행인 날입니다.

남편에 대하여

세상에서 제일 가깝고 제일 먼 남자
이 무슨 원수인가 싶을 때도 있지만
지구를 다 돌아다녀도
내가 낳은 새끼들을 제일로 사랑하는 남자는
이 남자일 것 같아
다시금 오늘도 저녁을 짓는다
그러고 보니 밥을 나와 함께
가장 많이 먹은 남자
전쟁을 가장 많이 가르쳐준 남자

— 『양귀비꽃 머리에 꽂고』(민음사)

문정희 시인의 「남편」이란 시의 일부입니다.

부끄럽게도 저는 이 역작을 부산 지하철역 스크린도어에서 처음 접했습니다. 이 시를 처음 읽고 나도 모르게 열은 감탄사가 입 밖으로 터져 나왔습니다. 남편에 대한 아내의 애증을 어쩌면 이렇게 사실적이면서도 함축적으로 담담하게 풀어낼 수 있는 것인지 그저 감탄만 나올 뿐이었습니다.

세상에서 제일 가깝고 제일 먼 남자! 이 무슨 원수인가 싶을 때도 있지만 지구를 다 돌아다녀도 내가 낳은 새끼들을 제일로 사랑하는 남자! 밥을 나와 함께 가장 많이 먹은 남자!

나에게 전쟁을 가장 많이 가르쳐준 남자!!!

지금 나와 한 공간에 살고 있는 바로 그 남자를 어쩜 이렇게 정확하게 묘사하고 있는지. 분명 시인데 설명문을 읽은 듯한 느낌입니다.

부부의 친밀감은 세상 그 누구도 알 수 없는, 물리적으로 감정적으로 어떤 것에도 방해받지 않는 그 둘만이 공유하는 것입니다. 부모와도, 형제와도, 자식과도 함께 할 수 없는, 오롯이 남편과만 공유할 수 있는 행위, 느낌, 압도감과 더불어 밀려오는 깊은 호수 밑으로 침잠할 듯한 평온함. 그러므로 세상에서 제일 가까운 사이. 그랬던 그였는데 이혼이라는 시간의 굴레 위에서 세상에서 제일 먼 남자가 되어버립니다.

정말 죽도록 미운, 저 인생을 끝끝내 짓밟아버리고 싶은 대상. 세상에서 제일 가까웠던 그와 사이에서 생겨난 그 어린 것들의 영혼을 이용해서라도 괴롭히고 싶은 세상에서 제일 먼 사이.

아내에 대하여

문정희 시인이 궁금해져 그녀의 시를 찾아보다 가슴이 울렁거리는 또 다른 시를 발견했습니다.

나에게도 아내가 있었으면 좋겠다.
봄날 환한 웃음으로 피어난
꽃 같은 아내
꼭 껴안고 자고 나면
나의 씨를 제 몸속에 키워
자식을 낳아주는 아내
내가 돈을 벌어다 주면
밥을 지어주고

밖에서 일할 때나 술을 마실 때
내 방을 치워놓고 기다리는 아내
나 바람나지 말라고
매일 나의 거울을 닦아주고
늘 서방님을 동경 어린 눈으로 바라보는
내 소유의 식민지

-「나의 아내」의 일부, 『나는 문이다』(민음사)

참으로 위트 넘치는 시입니다. 그런데 이런 아내가 아직 지구상에 생존해 있습니까? 멸종되어도 한참 전에 멸종이 되었을 것 같습니다만…. 왠지 이 아내가 멸종되기 전에 남겼을 것 같은 시가 있어 같이 소개해 볼까 합니다. 김형식 시인의 「나의 남편」이란 시의 일부입니다.

꿈속에서도
가장이라는 이름으로
무거운 짐 짊어지고

구름 속을 헤매고 계신
우리 집 태양

애들 아빠

나의 남편

– 『질문』(지혜)

많은 남자가 이런 '19세기 발명품[10] 과 같은 아내'를 꿈꾸며 연애를 하고 결혼을 합니다. 결혼 전에는 내가 무슨 말을 해도 봄날 환한 웃음으로 피어난 꽃 같던 그녀. 나의 손길에 행복해하며 내 품을 사랑하던 그녀. 내가 일을 할 때나 술을 마실 때나 언제나 내 걱정뿐이던 그녀. 늘 나를 애정 어린 눈으로 바라봐주던 그녀였는데…. 결혼 이후 어느샌가부터 나의 말에는 무조건 토를 달고 무시하고, 이제는 거기서 더 나아가 나를 그림자 취급합니다. 내 손길이라도 닿으면 무슨 송충이가 지나가는 듯 온몸으로 거부하고, 그저 돈 걱정뿐인 아내. 오로지 자식만 챙기고 남편은 밥을 먹는지 굶는지 관심도 없는 아내. 그런 아내와 살고 있다고 수많은 남편이 이혼소장 속에서 이구동성으로 호소를 하고 있습니다. 이혼소장에 등장하는 아내들은 서로 계모임이라도 하는지, 어쩜 그렇게 대동단결하여 각자의 남편들을 동일한 모습으로 괴롭히고 있는지 모르겠습니다.

---

10 「나의 아내」에서 나온 시어.

많은 아내도 '꿈속에서도 가장이라는 이름으로 무거운 짐 짊어지고 구름 속을 헤매고 계실 우리 집 태양과 같은 남편'을 기대하며 결혼합니다. 연애할 때는 밤하늘의 별도 달도 다 따다 줄 것 같던 그였는데…. 태양은 개뿔, 아내들이 낸 이혼소장에는 게으름뱅이 무능력자에 아내를 전혀 배려하지 않는 이기적 폭군 천지입니다. 이혼소장에 등장하는 남편들 역시도 어디서 무슨 동호회라도 결성하고 있나 봅니다.

한 번도 서로 만난 적이 없었을 것이 분명한데 이혼법정에 오는 이 집 저 집 남편들과 아내들은 어쩜 이다지도 닮은 것일까요? 톨스토이의 1878년 작 『안나 까레니나』의 유명한 첫 문장 '행복한 가정은 모두 비슷한 이유로 행복하지만, 불행한 가정은 저마다의 이유로 불행하다'는 가정법원 판사인 제가 보기에 반은 맞고 반은 틀린 것 같습니다. 가정법원의 문을 두드리는 가정들은 비슷비슷한 불행의 옷을 입고 있습니다.

각설하고, 앞서 본 문정희 시인의 아내의 관점에서 쓴 「남편」이란 시는 상당히 구체적이고 현실적인데 반하여, 남편의 관점에서 쓴 「나의 아내」란 시는 너무나 이상적이고 몽환적입니다. 같은 시인이 지은 시인데 참 다른 느낌입니다. 각 시의 특징마저도 현실 아내와 남편의 특성을 그대로 녹여놓은 시인의 통찰력에 감탄을 금하지 않을 수 없습니다. 위 두 시를 거시적 관점으로 보아도, 미시적 관점으로 보아도 그 표현이 너무나 찰떡같습니다. 찰떡 그 이상의 멋진 표현이 생각난다면 참 좋을 텐데, 시인과 같은 멋진 은유가 떠오르지 않아 아쉽기만 합니다.

부부에 대하여

부부란 무엇일까요? 부부의 정의를 군더더기 없는 담백한 문장으로 표현한 문정희 시인의 「부부」란 시의 한 구절을 더 소개할까 합니다.

서로를 묶는 것이 거미줄인지
쇠사슬인지는 알지 못하지만
부부란 서로 묶여 있는 것만은 확실하다고 느끼며
오도 가도 못한 채
죄 없는 어린 새끼들을 유정하게 바라보는
그런 사이이다

– 『다산의 처녀』(민음사)

부부란 서로 묶여 있는 것만은 확실하다고 느끼며 오도 가도 못 한 채 죄 없는 어린 새끼들을 유정하게 바라보는 그런 사이라니….

시적, 은유적 정의이지만 소름이 돋을 만큼 너무나 사실적이고 구체적인 정의입니다. 부연설명이 필요 없이 그 자체만으로도 가슴이 그저 잔잔히 떨려오는 시였습니다.

그런데 정재찬 교수님은 책 『우리가 인생이라 부르는 것들』에서 이 시를 다음과 같이 해설했는데 시만큼이나 매력적입니다.

살다 보면 가끔은, 솔직히, 내가 왜 저 사람하고 결혼했지 하며 후회를 하기도 하겠지요. 그러면서 슬쩍 다른 사람도 상상해보거나, 아니면 혼자 사는 인생도 그려보곤 하겠지요. 그런데요, 자식은 그렇지 않습니다. 다른 자식을 상상해보거나, 자식 없이 사는 인생이 그려지지는 않는답니다. 그러기에 부부끼리 "어휴, 저 자식 때문에 산다" 하는 말을 신세 한탄이나 비난이 아니라, 서로 듣기 좋은 지청구로 구사하게 되는 것이지요.

부부의 애정이란 그렇게 풍화되어가며 유장해집니다. 어린 새끼들을 바라보며 무언가에 묶여 있음이 참 좋다고 느끼는 것입니다. 쇠사슬일지, 거미줄일지 모르지만 '나이 들어서 누군가와 묶여 있다는 것, 그건 꽤 괜찮은 관계야'라고 이 시는 말하고 있습니다. 비독점 다자연애와 무자식의 자유보다 이 쇠사슬이나 거미줄 같은 구속이 낫다고 말입니다.

'인생에 있어 가장 소중한 것은 늙은 배우자'라고 말하는 탈무드의 명언과 일맥상통하는 듯합니다.

불현듯 이 시구를 적용해서 이혼을 정의해 보고 싶은 충동이 느껴졌습니다. 이 아름다운 시에 불경스럽기 짝이 없지만 삭막하고 비정한 이혼이란 두 글자가 왠지 아련해질 것 같은 느낌에 무모한 도전을 해봅니다.

'이혼이란 거미줄인지 쇠사슬인지 알지 못하는 암튼 서로 묶여 있던 끈을 마침내 끊어내어 버리고, 각자의 갈 길을 정한 채 각자의 방향에서 죄 없는 새끼들을 일말의 죄책감에 가슴을 쓸어내리며 바라보는 것.'

서로를 증오하고 상처 주는 이들과 그 사이에서 신음하는 아이들의 모습을 매일매일 바라보는 것은 이혼재판을 담당하는 판사에게도 아픔이며 고통입니다. 서로 묶여 있던 그 무엇을 종국적으로 해체선언하고, 그 해체과정에서 온몸으로 아픔과 슬픔을 말없이 받아내고 있는 죄 없는 어린 새끼들의 상처를 바라보아야 하는 가정법원 판사인 나에게 이 시가 큰 위로를 주었습니다.

어린 새끼들을 바라보며 무언가에 묶여 있음이 참 좋다고 느끼는 부부가 많아지기를…. 쇠사슬일지, 거미줄일지 모르지만 '나이 들어서 누군가와 묶여 있다는 것, 그건 꽤 괜찮은 관계야'라고 느끼며 풍화되어가며 유장해지는 부부의 애정을 응원합니다.

내 자녀가 나 같은 배우자를 만나길 소망하는 삶

아이를 사랑하는 것은 내가 특별한 노력을 하지 않아도 아주 자연스럽게 우러나오는 본성입니다. 물론 아이가 사춘기가 되면 이 본성마저도 소멸되어 버리는 것이 아닐까 걱정되리만큼 부모를 자극하는 아이들의 언행 때문에 미쳐버릴 것 같지만, 기본적으로 자녀에 대한 사랑은 본능적이고 희생적이며 헌신적입니다.

자녀가 나에게 잘못한 것은 가슴에 남지 않고 시간이 지나면 자연스레 잊힙니다. 자녀가 미안하다고, 잘못했다고 한마디 하기라도 하면 세상을 다 가진 듯하고 그렇게 감격스러울 수가 없습니다.

그런데 배우자는 어떻습니까? 배우자를 사랑하는 일은 엄청난 노력이 필요합니다. 돌이켜보면 한때 배우자한테 이런 비슷한 감정을 느낀 적도 있었을 것입니다. 연애할 때요. 대신 죽을 수도 있을 것 같은 그런 무한대의 사랑을 느끼며 상대방의 어떤 잘못도 이해해 줄 수 있고 넘어가 줄 수 있었습니다.

어떨 때는 그것이 잘못으로 느껴지지 않기도 합니다. 과학적으로는 그것이 호르몬 때문이라고 하지요. 결혼을 하고 얼마간의 시간이 지나면 그 호르몬이 사라진다고 합니다. 그래서 우리가 여전히 배우자를 사랑하려면 그 후로부터는 엄청난 노력이 필요한 것입니다.

배우자가 나에게 한 잘못은 용서가 잘 안 됩니다. 사과 한마디 하지 않으면 관계가 점점 식어가고 사과를 해도 그 사과가 잘 안 받아들여집니다. 설사 이번에는 사과를 받아들였다 해도 이것이 가슴에 생채기로 남아 비슷한 일이 있거나 또 다른 어떤 사건이 생기면, 다시 옛날의 상처까지도 소환되는 놀라운 일들을 경험합니다. 그러니 배우자를 여전히 사랑하며 산다는 것은 얼마나 많은 노력이 필요한 것입니까.

우리 부부도 예외는 아니었습니다. 사법연수원 1년차 때인 2003년 3월에 만나 불꽃 같은 연애를 시작했습니다. 남편은 폭풍 매미가 온 땅을 할퀴었던 그해 여름, 폭풍 따위가 대수냐며 저를 반드시 보아야겠다고 기차를 타고 부산에서 대구까지 찾아온 열정남이었습니다.

물론 그날 저녁 매미 때문에 거의 죽을 뻔했고, 왜 기어이 와서 나를 이런 재난 속에 빠뜨렸냐며 그를 원망하기도 했지만, 다른 한편으론 그렇게도 이성적이고 논리적인 이 남자가 내가 얼마나 좋았으면 이런 무모한 짓을 했겠나 하는 생각에 매미 속에서 그와 같이 죽어도 어쩔 수 없겠다는 거룩한 비장함이 있었을지도 모르겠습니다.

여튼 그렇게 불꽃 같은 2년여의 연애를 마치고 사법연수원을 졸업할 즈음에 결혼을 했으며 아이들이 태어났습니다. 그런데 참으로 놀라운 일이 벌어졌습니다. 내가 낳은 아들은 분명히 세 명인데, 우리 집엔 네 명의 윤 씨 아들이 살고 있는 것입니다. 다정하고 살갑던 그는 어디로 사라지고, 나의 아들들 틈에 끼어 비비적거리고 있는 저 늙은 윤 씨 아들은 과연 누구란 말인가.

내가 낳은 아들은 귀엽고 사랑스럽기나 하지, 남이 낳은 저 아들은 어찌나 저 잘났다고 큰소리치고 고집도 저런 똥고집이 없으며 협력이 잘 안 되는지, 같이 사노라면 징말 열불이 나 죽을 지경이었습니다.

자식 교육을 위해서 부부 사이가 좋아야 한다는 것은 알지만, 단순히 이런 명제를 아는 것만으로 부부 사이를 좋게 한다는 것은 쉽지가 않습니다. 배우자를 내 자식처럼 그렇게 사랑하는 것은 쉽지 않은 일입니다. 아니 불가능한 일입니다. 그러나 자식을 생각하면 엄마인 내가 못 할 것이 없지요.

그래서 저는 한 가지 묘수를 생각해냈습니다. 내가 남편에게 하는 행동과 말투가 나중에 내 아들이 아내에게서 받게 되는 말투와 행동이라면 어떤 기분일까를 생각해보고 행동해보자!! 그랬더니 남편을 예전과 같이 대할 수가 없었습니다.

반대로 남편들도 내가 아내에게 하는 지금 이 행동과 말투가 나중에 내 딸이 남편에게 받게 될 말투, 행동이라면 어떨까 생각해보고 아내에게 행동을 하면, 좀 더 배우자를 사랑하는 노력을 쉽게 할 수 있지 않을까요. 우리가 자식을 사랑하는 것은 그리 어렵지 않게 하는, 본성의 힘을 빌리는 것이지요.

이렇게 해서 부부 사이가 좋아지고, 좋은 부부관계를 보고 자라난 자녀는 또 좋은 배우자를 얻어 아름다운 관계를 맺으며 잘살게 되는 그런 선순환이 있지 않을까 싶습니다.

우리는 기본적으로 이기적이고 섬김을 받고 싶어 하는 인간인지라 낮아짐이 참으로 어렵습니다. 그나마 제3자에게는 조금은 참고 낮아지는 척이라도 할 수 있는데, 나와 제일 가까운 배우자에게는 그것이 죽어도 안 됩니다. 그때는 나를 가장 낮아지게 만드는 존재인, 자식들을 대입해서 생각하면 불가능이 순식간에 가능으로 바뀌기도 합니다.

이 글을 쓰는 저 역시도 생각은 이렇게 하다가도, 또 부대끼며 살다 보면 이런 다짐들을 잊어버리고 말도 안 되는 헛소리를 시전하는 남편과 전투를 하려고 슬슬 장전하고 있는 모습을 발견하기도 합니다. 그러다 다시 '아들이 아내로부터 이런 총질을 당해도 괜찮겠어?'라고 자문하며 장전한 총에서 총알을 슬그머니 끄집어냅니다.

이렇게 하루하루 지내다 보면 이것도 습관이 되겠지 하고 살아가고 있습니다. 물론 도저히 못 참겠어서 아들이고 뭐고 눈이 훽 뒤집어져 장전한 총알을 놈을 향해 무자비하게 발포한 적도 수차 있었음을 고백합니다. 우리 집에 살고 있는 늙은 남의 아들을 사랑하는 것은 죽을 때까지 죽을힘을 다해 노력해야 하나 봅니다.

에 필 로 그

글을 다시 쓸 수밖에 없었던 그곳, 가정법원

어린 시절부터 책이 좋았고 글 쓰는 것이 좋았습니다. 작가가 되어 좋은 글을 쓰고 싶었기에 자연스레 국문학과에 진학했습니다. 그런데 어찌저찌 여차저차하여 판사가 되었습니다.

판사가 되어 보니 수많은 기록 속에 소복이 내려앉은 빽빽한 활자를 매일매일 읽어내야 했고, 기록을 다 읽고 재판을 마치고 나면 그에 맞는 판결문을 써내야만 했습니다.

읽어도 읽어도 사라지지 않고 마르지 않는 샘물처럼 늘 쏟아져 들어오는 기록들 속에 파묻혀 읽고 또 읽고, 생각하고 검토하고, 판결문 쓰고 고치고, 고민하고 읽고, 또 읽고 고민하고 판결문 쓰고 읽고 생각하고 검토하고 판결문 쓰고, 고치고 읽고 쓰고….

저에게는 사건 기록 외에 다른 활자를 볼 여력이 남지 않았고, 판결문 외에 다른 글을 쓸 열정이 도무지 생기지 않았습니다.

그렇게 정신없이 기록 읽기와 판결문 쓰기에만 몰두하며 판사생활 13년을 보낸 후 가정법원에 오게 되었습니다. 그런데 가정법원에 와 보니, 임관 이후 늘 해왔던, 기록 '읽고' 판결문 '쓰고'가 잘되지 않았습니다. 한 사건 한 사건 볼 때마다 마음이 아프고 힘들었습니다.

세상 그 누구보다 서로를 아끼며 사랑했을 남녀가 형언하기 힘들 정도의 비참한 모습으로 서로를 헐뜯으며 헤어지려 하는 모습. 엄마 아빠의 처절한 싸움에 무방비 상태로 온몸과 영혼으로 맞닥뜨려 상처받으며 아파하는 어린 자녀들의 모습. 학대당하는 모습. 슬퍼하는 모습.

오랫동안 묵혀두었던 일기장을 펼치지 않을 수 없었습니다. 머릿속이 너무나 복잡하여, 가슴이 무언가에 꽉 막혀있는 듯하여, 일기장에 뭐라도 끼적이지 않으면 잠이 오지 않는 날이 여러 날이었습니다.

가정법원은 그런 곳이었습니다.

내게 다시금 글을 쓸 수 있는 열정을 품게 해준 고마운 곳.

늘 가슴 시린 곳.

애잔한 곳.

오늘도 이혼주례를 했습니다.

잠들기 전 일기장을 펼쳐야 할 것 같습니다.